스토리텔링 우동이즘의
잘 팔리는 웹툰 웹소설
이야기 만들기

우동이즘(이동우)

웹툰과 유튜브를 중심으로 일러스트, 칼럼, 게임 제작, 강연 등 다양한 분야를 다루는 콘텐츠 크리에이터입니다.

- 카카오페이지 웹툰 〈탐정은 개뿔〉 연재, 완결
- 미스터블루 웹툰 〈단톡〉 연재, 완결
- 한국콘텐츠진흥원 연재만화 제작 지원사업 참여
- 한국만화영상진흥원, 콘텐츠 진흥원(전국) 등 강연

유튜브 스토리텔링 우동이즘
네이버 카페 나는 창작자다
네이버 블로그 blog.naver.com/hyory486
인스타그램 instagram.com/udontoon

스토리텔링 우동이즘의 잘 팔리는 웹툰, 웹소설 이야기 만들기

초판 1쇄 발행 2021년 11월 15일
초판 2쇄 발행 2022년 1월 11일

지은이 우동이즘(이동우) / **펴낸이** 김태헌
펴낸곳 한빛미디어(주) / **주소** 서울시 서대문구 연희로2길 62 한빛미디어(주) IT출판부
전화 02-325-5544 / **팩스** 02-336-7124
등록 1999년 6월 24일 제 25100-2017-000058호 / **ISBN** 979-11-6224-490-6 13000

총괄 전정아 / **책임편집** 배윤미 / **기획** 유희현 / **교정** 박성숙
디자인 스튜디오 nu:n / **전산편집** 오정화
영업 김형진, 김진불, 조유미 / **마케팅** 박상용, 송경석, 한종진, 이행은, 고광일, 성화정 / **제작** 박성우, 김정우

이 책에 대한 의견이나 오탈자 및 잘못된 내용에 대한 수정 정보는 한빛미디어(주)의 홈페이지나 아래 이메일로
알려주십시오. 잘못된 책은 구입하신 서점에서 교환해 드립니다. 책값은 뒤표지에 표시되어 있습니다.

한빛미디어 홈페이지 www.hanbit.co.kr / 이메일 ask@hanbit.co.kr
자료실 www.hanbit.co.kr/src/10490

지금 하지 않으면 할 수 없는 일이 있습니다.
책으로 펴내고 싶은 아이디어나 원고를 메일(**writer@hanbit.co.kr**)로 보내주세요.
한빛미디어(주)는 여러분의 소중한 경험과 지식을 기다리고 있습니다.

아마추어 작가와 지망생을 위한 프로 데뷔 노하우!

스토리텔링 우동이즘의

잘 팔리는 웹툰 웹소설 이야기 만들기

우동이즘(이동우) 지음

한빛미디어
Hanbit Media, Inc.

아마추어 작가의 이야기와
프로 작가의 이야기는
어떤 차이가 있을까?

더 현실적인 작법서

처음에는 제가 과연 좋은 작법서를 만들 수 있을지 의문이 들었습니다. 서점에는 이미 고전부터 신간까지, 이야기를 만들기 위한 훌륭한 작법서가 너무 많았기 때문입니다. 아무리 고민해도 그들보다 더 좋은 책을 만들지는 못할 것 같았습니다. 나만이 만들 수 있는 작법서가 있을지, 있다면 무엇일지 오랫동안 고민했습니다.

고민 끝에 발견한 저의 무기는 '여러 사람을 만난 경험'이었습니다. 저는 지금까지 살면서 정말 많은 작가 지망생, 아마추어 작가, 프로 작가를 만났습니다. 강의 현장에서는 창작에 관심 많은 학생들을 만났고, 만화 영상 진흥원에서는 프로 작가들과 만났습니다. 직접 운영하는 유튜브 채널에서는 수만 개에 이르는 지망생과 아마추어 작가들의 댓글을 보았고, 그들의 의견과 고민을 들었습니다. 그래서 이런 생각을 할 수 있었습니다.

"프로가 되는 사람들에게는 공통점이 있다.
아마추어에 머물러 있는 사람들 또한 공통점이 있다."

덕분에 이 책을 만들어야 하는 이유를 찾을 수 있었습니다. 혼자서 어느 정도 이야기를 만들어보았고 작품 활동도 해보았지만 도무지 프로 작가 데뷔의 문턱을 넘지 못하는, 그런 사람들을 위한 작법서를 만들자고 생각했습니다. 이야기를 상품으로 만드는 방법과 제대로 만들어서 제대로 파는 방법을 알려주기로 했습니다. 아마추어 작가나 지망생에게 가장 부족하지만 실제로는 가장 중요한 '기획'에 집중해보기로 했습니다.

하고 싶은 이야기는 내려놓기

이야기를 상품화한다는 것은 '누구나 좋아하는 이야기'를 만드는 방법과는 다를지도 모릅니다. 레드 오션을 향한 정면 승부보다는 블루 오션을 향한 측면 승부에 가깝습니다. 이야기에도 블루 오션이 있습니다. 모두가 만족하는 이야기는 아니지만 분명 누군가에게는 재미있는 이야기, 누군가의 취향에는 꼭 맞는 이야기가 분명히 있습니다. 저는 몇 번의 시도에도 데뷔의 문턱을 넘지 못한 아마추어 작가들의 탈출구가 바로 여기에 있다고 생각했습니다.

우선 내가 하고 싶은 이야기는 잠깐 미루고 지금 당장 사람들이 원하는 이야기, 시장에 필요한 이야기가 무엇일까 고민해봅시다. 어떤 사람에게 어떤 이야기를 제공할 것인지를 생각하자는 것입니다. 물론 하고 싶은 이야기를 내려놓고 미루는 일이 쉬운 일은 아닙니다. 이런 의문이 생길지도 모릅니다.

"내가 하고 싶은 이야기를 하지 말라고? 그러려면 왜 창작을 해?"

그래서 이 책이 진짜 필요한 사람은 따로 있습니다. 몇 차례 프로 작가 데뷔에 도전해보았지만 결과가 좋지 않았던 '프로 데뷔 문턱의 아마추어 작가'입니다. 몇 번의 실패로 독기가 오를 만큼 오른 사람들이나 왜 계속 실패하는지 의문을 가지는 사람들 말입니다.

이야기로 밥 벌어먹고 사는 프로 작가가 되고 싶다면 일단 데뷔부터 합시다. 하고 싶은 이야기는 그 이후에 하면 됩니다. 정말 하고 싶은 이야기를 데뷔작부터 연재하는 작가는 드뭅니다. 충분한 실력과 경험부터 쌓고 연재할 기회를 얻는 것이 일반적입니다. 그래서 이 책에서는 훌륭한 작품이나 명작을 만드는 방법은 다루지 않습니다. 오직 시장에서 잘 팔리는 이야기가 무엇인지, 수많은 경쟁자 사이에서 주목받는 방법이 무엇인지, 공모전과 웹 플랫폼 등을 활용해 데뷔하려면 어떤 이야기를 만들어야 하는지 등을 다루고 있습니다. 잘 팔리는 이야기를 만드는 방법 즉, 제대로 된 상품으로서 이야기를 만드는 방법을 다루고 있습니다.

아직 이야기를 한 번도 완성해보지 못한 초보자라면?

초보 작가나 이제 막 창작을 시작하려는 작가 지망생이라면 우선 하고 싶은 이야기를 하고 싶은 만큼 마음껏 완성하는 것이 더 좋습니다. 아주 짧은 단편 소설이라도 좋습니다. 만들다가 포기한 이야기 서너 개보다 한 번이라도 완성한 짧은 이야기가 훨씬 도움이 됩니다. 어떤 결과나 반응을 얻어도 좋습니다. 이야기를 만들고 완성하는 일에 먼저 도전해보기 바랍니다.

그렇게 만든 이야기로 좋은 결과를 얻는다면 더할 나위 없겠지만 몇 번의 도전에도 결과가 좋지 않았다면 그때 이 책을 펼쳐주세요. 그때의 여러분에게는 이 책이 꼭 필요할 것이라 확신합니다.

2021년 11월
우동이즘(이동우)

02 상상력을 자극하는 로그라인 만들기

기존 작품의 로그라인 추출하기

제 웹툰 데뷔작은 〈탐정은 개뿔〉이라는 작품이었습니다. 품질이나 완성도가 높지 않은 작품이었지만 연재를 시작할 수 있었던 이유는 작품에 명확한 장점이 있었기 때문입니다. 〈탐정은 개뿔〉의 로그라인은 아래와 같습니다.

> **로그라인** 대학생 생계형 알바 탐정

이 로그라인의 키워드는 **대학생, 아르바이트, 탐정**이었습니다. 저는 콘텐츠의 매력이 조합의 이질감에서 나타난다고 생각합니다. 대학생과 아르바이트는 잘 어울리는 키워드입니다. 그러나 탐정은 앞의 두 키워드와는 잘 어울리지 않는 키워드입니다. 키워드를 잘 조합하면 평범한 문장에 신선함을 추가할 수 있습니다.

038 CHAPTER 02 : 한 줄의 로그라인 만들기

이야기 완성을 위한

창작의 기술

한 편의 이야기를 완성하기 위한 기초 창작 지식부터 이야기 발상 방법, 발상한 이야기를 다듬고 완성하는 방법을 핵심만 쏙쏙 뽑아 쉽고 친절하게 알려 줍니다.

작가의 창작을 돕는

Udonism Paper

문서 템플릿을 통해 앞서 학습한 내용을 바탕으로 직접 이야기를 기초부터 창작해봅니다. 완성된 템플릿 문서를 모아 한 편의 이야기 기획서를 완성할 수 있습니다.

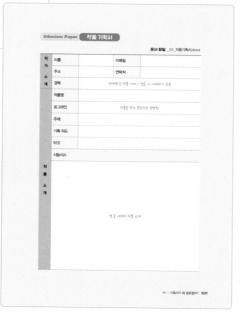

엘리베이터 피칭으로 작품 설명하기

가장 최근에 만들었던 작품을 하나 떠올려보세요. 그냥 아무 이야기라도 좋습니다. 그 작품을 1분 내에 누군가에게 설명해야 하는 상황을 떠올려봅니다. 웹툰이라면 네이버 웹툰의 PD, 웹소설이라면 문피아나 카카오페이지의 PD, 영화 시나리오나 드라마 대본이라면 해당 영화사 또는 방송국의 담당자에게 설명하는 것입니다.

이런 상황을 엘리베이터 피칭이라고 합니다. 엘리베이터에서 우연히 만난 투자자에게 내 상품을 1분 내로 설명한다고 가정해 연습하는 방법입니다.

> **Mission**
>
> **1분간 초시계 등으로 시간을 재면서 실제로 소리 내어 설명해보세요.**
> : 머릿속에서 생각만 하지 말고 반드시 실제로 소리 내어 설명해봅니다. 크게 말할 수 없는 환경이라면 아주 작은 소리라도 좋으니 실제로 입을 움직여 발음하며 설명합시다.
>
> 작가라고요?
> 저야 시간이 없는데…
> 말씀해보세요.

어떤가요? 만들어두었던 이야기를 1분 안에 효율적으로 전달한 것 같나요? 대부분의 경우 잘 전달하지 못합니다. 이야기를 잘 전달하지 못했다는 것은 담당자를 설득하지 못했다는 것과 같습니다. 만약 잘 정리된 작품 기획서가 있었다면 상황은 달라지지 않았을까요?

따라 하면 창의력이 샘솟는
Mission

이야기 창작을 위한 기초를 쌓을 수 있도록 준비했습니다. 제시하는 과제를 하나씩 따라 하다 보면 창작 생활에 든든한 무기가 되어줄 아이디어를 모을 수 있습니다.

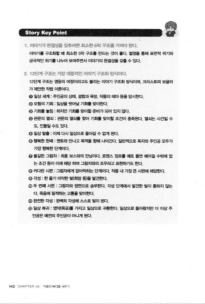

> **Story Key Point**
>
> 1. 이야기가 완결성을 갖추려면 최소한 5막 구조를 가져야 한다.
>   이야기를 구조화할 때 최소한 5막 구조를 만드는 것이 좋다. 설정을 통해 표면적 위기와 궁극적인 위기를 나누어 보여주면서 이야기의 완결성을 갖출 수 있다.
>
> 2. 12단계 구조는 가장 대중적인 이야기 구조화 방식이다.
>   12단계 구조는 영웅의 여정이라고도 불리는 이야기 구조화 방식이며, 크리스토퍼 보글러가 제안한 작법 이론이다.
>   ❶ 일상 세계 : 주인공의 상태, 결함과 욕망, 작품의 테마 등을 암시한다.
>   ❷ 모험의 기회 : 일상을 벗어날 기회를 맞이한다.
>   ❸ 기회를 놓침 : 하지만 기회를 맞이할 준비가 되어 있지 않다.
>   ❹ 관문의 열쇠 : 관문의 열쇠를 찾아 기회를 맞이할 조건이 충족된다. 열쇠는 시간일 수도, 인물일 수도 있다.
>   ❺ 일상 탈출 : 이제 다시 일상으로 돌아갈 수 없게 된다.
>   ❻ 행복한 한때 : 멘토를 만나고 목적을 향해 나아간다. 일반적으로 독자와 주인공 모두가 가장 행복한 단계이다.
>   ❼ 불길한 그림자 : 최종 보스와의 만남이다. 로맨스 장르를 예로 들면 헤어질 수밖에 없는 조건 등이 이에 해당 하여 그림자의 조우라고 표현되기도 한다.
>   ❽ 커다란 시련 : 그림자에게 잠식되는 단계이다. 작품 내 가장 큰 시련에 해당한다.
>   ❾ 각성 : 한 줄기 미약한 빛(희망) 등을 발견한다.
>   ❿ 두 번째 시련 : 그림자와 정면으로 승부한다. 각성 단계에서 발견한 빛이 통하지 않는다. 죽음에 필적하는 고통을 맞이한다.
>   ⓫ 완전한 각성 : 완벽히 각성해 스스로 빛이 된다.
>   ⓬ 일상 복귀 : 영약(묘약)을 가지고 일상으로 귀환한다. 일상으로 돌아왔지만 더 이상 주인공은 예전의 주인공이 아니게 된다.

핵심만 요약해 알려주는
Story Key Point

이야기 창착 시 꼭 필요한 핵심 내용과 중요 노하우를 요약해 알려줍니다.

작.가.노.트.

작가의 원고 훔쳐보기

조금 더 현장감 있는 설명을 위해 연재했던 웹툰 〈단톡〉의 진행 과정으로 이야기의 구조를 살펴보겠습니다. 이 웹툰은 2016년 경기 콘텐츠 진흥원의 연재 만화 제작 지원사업의 도움을 받고 비독점으로 여러 곳의 플랫폼에서 동시에 연재했던 작품입니다. 개인적으로는 창피하고 감추고 싶은 마음이 크지만, 기획서 단계에서 가능성을 인정받아 투자까지 받은 작품이므로 여러분이 기획서를 쓰는 데 도움이 될 것이라 생각합니다.

웹툰 〈단톡〉

스릴러, 배틀로얄, 카카오톡

로그라인	스팸 카톡으로 진행되는 한국형 배틀로얄
장르	스릴러
타깃	30대 남성
주인공(들)의 목표	게임에서 최종 승리자가 되어 살아남기
목표의 착점	내부의 적

데뷔작이 끝나고 작업실에 폭풍을 자면서 차기작을 고민하던 중 카카오톡의 스팸 메시지를 보고 소재를 떠올렸습니다. 이때는 카카오톡을 활용한 스릴러로 진행하겠다는 러프한 기획만 있고 디테일한 기획은 전혀 없던 상태였습니다.

프로 작가의 노하우를 담은
작가노트

현업 작가이자 스토리텔링 전문 유튜버인 우동이즘 저자의 창작 노하우를 가득 담았습니다.

새내기 작가 어드바이스

새내기 작가에게 전하는
세 가지 조언

하나, 어떻게 시작해야 할지 막막해도 일단 시작하세요

마지막까지 잘 따라온 것 같은데 막상 이야기를 만들려고 하니 막막한가요? 아직 이야기다운 이야기를 한 번도 만들어본 적이 없다면 그럴 수 있습니다. 어느 날 갑자기 '한번 해보자!'라는 생각으로 창작을 시작하는 경우일 테니까요.

어쩌면 모두가 이런 고민이 있을지도 모릅니다. 대부분의 사람들은 실패에 대한 두려움을 크게 느끼기 때문입니다. 이런 경향은 나이나 경력이 쌓일수록 더 심해집니다. 10대와 20대 초반의 지망생들은 오히려 실패하는 것을 상대적으로 크게 두려워하지 않습니다. 이야기 창작 분야에서만의 일이 아닙니다.

저는 웹툰 작가면서 유튜버입니다. 덕분에 웹툰 작가 지망생과 유튜버를 시작할지 고민하는 사람들 등 여러 상황에 놓인 사람들을 많이 만났습니다.

특별부록
새내기 작가 어드바이스

이야기를 한 번도 만들어보지 못한 초보 작가, 새내기 작가 지망생에게 전하는 저자의 말을 담았습니다.

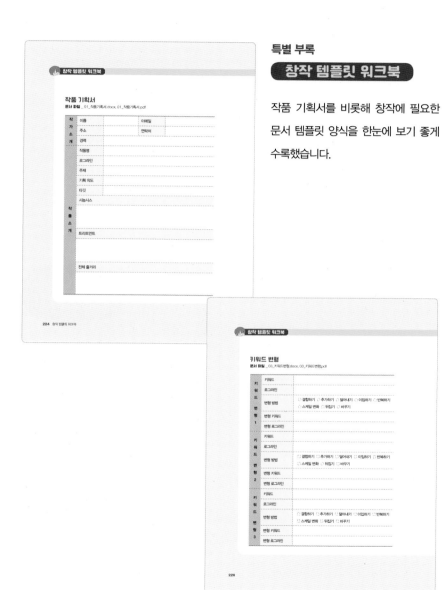

특별 부록

창작 템플릿 워크북

작품 기획서를 비롯해 창작에 필요한
문서 템플릿 양식을 한눈에 보기 좋게
수록했습니다.

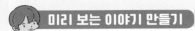

1 이야기 발상하기

로그라인

작품을 한 줄로 표현하기 **P. 036**

상상력을 자극하는 로그라인 만들기 **P.038**

3 이야기 구체화하기

시놉시스

시놉시스 구성하기 | **P.116**

시놉시스를 더 매력적으로 꾸미기 **P.121**

4 기획서 제작하기

이야기 구조화

뼈대를 세우는 데도 순서가 필요하다 **P.130**

이야기 구조를 만들 때 주의할 점 **P.152**

창작 문서 템플릿 다운로드하기

이 책의 모든 문서 템플릿은 한빛출판네트워크 홈페이지(www.hanbit.co.kr)에서 다운로드할

수 있습니다. 홈페이지에 접속하여 오른쪽 하단의 [자료실]을 클릭하고 도서명으로 검색한 후 [예

제 소스]를 클릭해 다운로드합니다.

다운로드 단축 주소 www.hanbit.co.kr/src/10490

템플릿 인쇄해서 활용하기

모든 창작용 문서 템플릿의 워드 파일과 인쇄용 PDF를 함께 제공합니다. 예제 소스와 224쪽의

특별부록에서 창작용 문서 템플릿을 확인할 수 있습니다.

스토리텔링 우동이즘 유튜브에서 영상 보기

스토리텔링 우동이즘 유튜브 채널에서 도서 학습에 도움이 되는 다양한 동영상을 시청하고 더

좋은 이야기를 창작해보세요.

유튜브 주소 https://www.youtube.com/user/eyangd

나는 창작자다 카페 활용하기

이 책의 저자가 운영하는 창작자 모임 카페에서 궁금한 사항을 질문하고 의견을 나눠보세요.

네이버 카페 주소 https://cafe.naver.com/udonstory

목차

 목차

PART 02 실전 기획서 만들기

PART

01

잘 팔리는
이야기는
탄탄한 기획서로부터
나온다

작품에만 집중하고 싶은데 왜 공모전이나 플랫폼에서는 늘 기획서를 요구할까요? 작품에 가치를 매기는 일, 즉 작품을 판매할 수 있는 상품으로 판단한다면 상품의 기획서는 작품 그 자체보다 중요하게 여겨질 수밖에 없습니다. 이번 PART에서는 왜 기획서를 잘 만들어야 하는 것인가에 대해 알아보겠습니다.

CHAPTER

01

잘 팔리는
이야기 만들기

내 원고보다 나을 게 없는 작품들이 버젓이 연재를 하고 있습니다. 그리고 내 원고는 계속 연재 회의에서 떨어지기만 합니다. 이유가 무엇일까요? 답은 간단합니다. 당신의 작품보다 그 작품들이 더 상품성이 있어 보이기 때문입니다.

여러분은 기획서의 중요성을 이미 알고 있을지도 모릅니다. 다만 '같은 퀄리티의 작품이라면 기획서가 훌륭한 쪽이 더 유리할 것이다' 정도로만 생각했다면 그 생각을 바꿀 필요가 있습니다. 작품을 상품으로 만들어주는 기획이 무엇인지, 또 그동안 여러분이 놓치고 있던 것이 무엇인지 이번 CHAPTER를 통해 함께 알아보겠습니다.

01 기획서가 왜 필요할까?

작품에도 설명서가 필요하다

세상에서 판매되는 거의 모든 상품에는 설명서가 있습니다. 콘텐츠도 마찬가지 입니다. 판매 가능한 상품이기에 설명서가 있습니다. 이런 콘텐츠의 설명서를 보통 기획서라 부릅니다. 당신이 작가 혹은 지망생이고, 공모전이나 플랫폼 혹 은 에이전시에 원고를 한 번이라도 투고한 경험이 있다면 분명 기획서를 작성 해보았을 것입니다.

상품 설명서

이야기 기획서

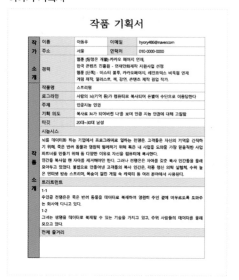

▲ 이야기에도 설명서가 필요하다.

많은 작가가 마감일까지 밤새 원고와 씨름합니다. 그래서인지 기획서는 마감일이 되어서야 시간에 쫓겨 대충 구색만 맞추고 제출하곤 합니다. 이유를 물어보면 대부분 이렇게 대답합니다.

"작품만 좋으면 돼."

틀린 말은 아닙니다. 작품을 잘 만드는 것이 무엇보다 가장 중요합니다. 아무리 잘 만든 뛰어난 설명서(기획서)가 있더라도 상품(작품)이 엉망이라면 큰 의미가 없습니다. 여러분의 작품은 나쁘지 않을 것이라고 생각합니다. 만약 여러분이 작품을 서너 번 정도 완성한 경험과 끈기를 갖춘 사람이라면 작품의 품질은 충분할 것입니다.

"난 아직 부족해."

실패를 경험한 작가들은 으레 이렇게 생각하곤 합니다. 하지만 부족함을 느끼지 않는 작가는 없습니다. 주변의 많은 작가들을 취재해본 결과 그들도 마찬가지였습니다.

여러분이 먼저 알아야 할 것은 대중상업예술에서는 작품 또한 마케팅 영역 안에 있다는 것입니다. 기술적인 테크닉이나 작품의 품질보다는 내 제품을 팔 수 있는 명확한 대상이 누구인지 아는 것이 더 중요합니다.

스마트폰이 처음 대중에게 관심을 받기 시작했을 때를 떠올려보세요. S사의 제품은 제품의 성능과 다양한 기능을 소개하는 마케팅에 집중했고 A사의 제품은 이용자들의 감성적인 면을 자극하는 마케팅에 집중했습니다. 결과적으로 초기 스마트폰 시장의 승자는 A사의 스마트폰, 아이폰이었습니다. 기능이 비슷한 상품이라면 어떤 방법으로 마케팅하는지에 따라 결과가 결정된다는 것입니다.

엘리베이터 피칭으로 작품 설명하기

가장 최근에 만들었던 작품을 하나 떠올려보세요. 그냥 아무 이야기라도 좋습니다. 그 작품을 1분 내에 누군가에게 설명해야 하는 상황을 떠올려봅니다. 웹툰이라면 네이버 웹툰의 PD, 웹소설이라면 문피아나 카카오페이지의 PD, 영화 시나리오나 드라마 대본이라면 해당 영화사 또는 방송국의 담당자에게 설명하는 것입니다.

이런 상황을 엘리베이터 피칭이라고 합니다. 엘리베이터에서 우연히 만난 투자자에게 내 상품을 1분 내로 설명한다고 가정해 연습하는 방법입니다.

Mission

1분간 초시계 등으로 시간을 재면서 실제로 소리 내어 설명해보세요.

: 머릿속에서 생각만 하지 말고 반드시 실제로 소리 내어 설명해봅니다. 크게 말할 수 없는 환경이라면 아주 작은 소리라도 좋으니 실제로 입을 움직여 발음하며 설명합시다.

작가라고요?
제가 시간이 없는데...
말씀해보세요.

어떤가요? 만들어두었던 이야기를 1분 안에 효율적으로 전달한 것 같나요? 대부분의 경우 잘 전달하지 못합니다. 이야기를 잘 전달하지 못했다는 것은 담당자를 설득하지 못했다는 것과 같습니다. 만약 잘 정리된 작품 기획서가 있었다면 상황은 달라지지 않았을까요?

좋은 기획서는 상상력을 자극한다

공모전의 심사위원으로 참석하면 정해진 심사위원 자리에 앉아 복사된 수십, 수백 개의 작품을 살펴봅니다. 문제는 그토록 많은 원고를 짧은 시간에 꼼꼼히 다 읽고 이해하는 것은 불가능에 가깝다는 것입니다. 수백 개의 이야기를 짧은 시간 안에 소화해내는 일은 물리적으로도 정말 어려운 일입니다. 이때 심사위원들의 이해를 도와주는 것이 바로 기획서입니다.

이 상품에는 A, B라는 기능이 있고
C를 할 때 사용합니다.

짧고 간결하게 잘 정리된 문장 하나로 원고의 이해도는 완전히 달라집니다. 비슷한 품질의 원고라면 어떨까요? 잘 정리된 기획서로 이야기를 좀 더 쉽게 이해할 수 있는 원고에 높은 점수를 줄 수밖에 없습니다. 그렇다면 어떤 기획서가 잘 정리된 기획서라는 말일까요?

스토리를 잘 함축해
설명한 기획서가
좋은 기획서 아니야?

내 작품의 이야기를 잘 함축해 설명한 기획서도 물론 좋은 기획서지만 이보다 좋은 기획서는 따로 있습니다. 바로 상상력을 자극하는 기획서입니다. 정말 좋은 기획서에는 읽는 사람의 상상력을 자극하는 문장이 들어 있습니다. 여러분이 기획서를 한 번이라도 써보았다면 다음과 같은 기획서 형태가 익숙할 겁니다. 이야기 콘텐츠의 기획서는 종류를 불문하고 유사한 형태입니다.

작품 기획서

작가소개	이름	이동우	이메일	hyory486@naver.com
	주소	서울	연락처	010-0000-0000
	경력	카카오페이지 웹툰 <탐정은 개뿔> 연재, 완결 미스터블루 웹툰 <단톡> 연재, 완결 한국콘텐츠진흥원 연재만화 제작 지원사업 선정 게임 제작, 일러스트, 책, 강연, 콘텐츠 제작 겸업 작가		

작품소개	작품명	스트리밍
	로그라인	사람의 뇌(기억 등)가 컴퓨터로 복사되어 돈벌이 수단으로 이용당한다.
	주제	인공지능의 인권
	기획 의도	복사로 'AI가 되어버린 나'를 보면서 인공지능의 인권에 대해 고찰한다.
	타깃	20~30대 남성

시놉시스

뇌를 데이터화하는 기업에서 프로그래머로 일하는 천명은. 고객들은 자신의 기억을 간직하기 위해, 죽은 반려동물과 영원히 함께하기 위해, 내 사업을 도와줄 가장 믿음직한 사업 파트너를 만들기 위해 등 다양한 이유로 자신을 컴퓨터에 복사한다.

인간을 복사할 땐 자아를 제거해야만 한다. 그러나 천명은은 자아를 갖춘 복사 인간들을 몰래 모아두고 있었다. 불법으로 만들어낸 고객들의 복사 인간은 각종 정신 의학 실험체, 수위 높은 인터넷 방송 스트리머, 목숨이 걸린 게임 속 캐릭터 등 여러 분야에서 사용된다.

트리트먼트

1-1
주인공 천명은은 죽은 반려 동물을 데이터로 복제하여 영원히 주인 곁에 머무르도록 도와주는 회사에 다니고 있다.
1-2
그녀는 생명을 데이터로 복제할 수 있는 기술을 가지고 있고, 주위 사람들의 데이터를 몰래 모으고 있다.

전체 줄거리

▲ 작품 기획서의 예

Udonism Paper 작품 기획서

작가 소개	이름		이메일	
	주소		연락처	
	경력	연재했던 작품 기재 / 없을 시 기재하지 않음		
작품 소개	작품명			
	로그라인	작품을 한두 문장으로 설명함		
	주제			
	기획 의도			
	타깃			
	시놉시스			
	열 줄 내외의 작품 소개			

트리트먼트

작 품 소 개

각 화별 에피소드

전체 줄거리

자유 기재

자유 기재

영화, 드라마, 웹툰, 웹소설, 문학 등 세부적인 부분이 조금 추가되거나 바뀌겠지만 기획서의 핵심은 이 요소가 전부입니다. 작가 소개 영역을 먼저 작성해보세요. 작품 설명서에 해당하는 작품 소개 영역은 앞으로 함께 채워보겠습니다.

CHAPTER
02

한 줄의
로그라인 만들기

당신 주머니 속 1천 곡의 노래(One thousand songs in your pocket).

2001년 출시한 아이팟의 광고 카피로, 단 한 줄로 전 세계 소비자를 사로잡은 훌륭한 카피입니다. 이야기 콘텐츠 중에서도 광고 카피와 같은 한 줄의 마케팅 수단이 있습니다. 바로 로그라인입니다.

이번 CHAPTER에서는 콘텐츠 마케팅에서 가장 효율적인 단 한 줄의 문장, 로그라인을 만드는 방법에 대해 알아보겠습니다.

01 작품을 한 줄로 표현하기

한 줄로 설명되는 이야기란?

스토리 작법을 공부한 경험이 있다면 아래의 문장이 의미하는 것이 무엇인지 어렴풋하게나마 알고 있을 것입니다.

"작품을 한 줄에서 두 줄 사이로 짧게 설명해주세요."

바로 로그라인입니다. 로그라인이란 내 이야기가 어떤 이야기인지 한 줄 내지 두 줄로 설명해주는 문장입니다. 같이 한번 떠올려봅시다. 여러분이 가장 마지막에 만든 이야기의 로그라인은 무엇인가요? 1분의 시간 동안 마지막으로 만든 내 원고의 로그라인을 떠올려봅시다.

 Mission

1분간 시간을 재면서 내 작품 또는 쓰고 싶은 작품에 대한 로그라인을 적어봅시다.

: 순간 떠오르는 문장으로 한 줄 또는 두 줄을 만들어봅니다. 이야기를 만들어본 경험이 없다면 막연하게나마 생각해두었던 이야기를 한 줄로 만들어보는 것도 좋습니다.

문장이 내 작품을 잘 설명해주고 있나요? 아마 그렇지 않을 것이라 예상합니다. 한 줄로 설명하기에는 전달할 이야기가 너무 많기 때문입니다.

방대한 세계관, 인물, 관계도 등 내가 생각하는 이야기의 재미 요소는 엄청나게 많은데 단 한 줄에 모든 것을 넣으려고 하니 쉽지 않을 것입니다. 저를 포함한 많은 작가도 로그라인 만들기를 힘들어합니다. 하지만 한 가지 다행스러운 사실을 알려드리겠습니다.

"한 줄로 모든 이야기를 요약하는 건 불가능하다."

내가 만든 이야기를 한 줄 안에 모두 다 집어넣는 것은 불가능합니다. 만약 가능하다 하더라도 그렇게 만든 문장에 큰 매력은 없을 겁니다.

이야기를 완벽하게 한 줄로 정리했다 하더라도 물 샐 틈조차 없이 단단하게 완성된 문장에는 읽는 사람의 상상력이 개입될 여지가 없습니다. 기획서에 상상력이 개입될 여지가 없는 그저 그런 로그라인이 쓰여 있다면, 읽는 사람의 취향에 따라 좋지 않은 평가를 내릴 수도 있습니다. 반대로 상상력이 개입될 수 있는 로그라인이 쓰여 있다면 읽는 사람의 취향대로 이야기를 상상해서 해석할 수 있습니다. 그렇다면 상상력을 자극할 수 있는 로그라인은 어떻게 만들까요?

저 사람들(심사위원, PD)
취향에 맞는 문장은 뭘까?

02 상상력을 자극하는 로그라인 만들기

기존 작품의 로그라인 추출하기

제 웹툰 데뷔작은 〈탐정은 개뿔〉이라는 작품이었습니다. 품질이나 완성도가 높지 않은 작품이었지만 연재를 시작할 수 있었던 이유는 작품에 명확한 장점이 있었기 때문입니다. 〈탐정은 개뿔〉의 로그라인은 아래와 같습니다.

로그라인 대학생 생계형 알바 탐정

이 로그라인의 키워드는 **대학생**, **아르바이트**, **탐정**이었습니다. 저는 콘텐츠의 매력이 조합의 이질감에서 나타난다고 생각합니다. 대학생과 아르바이트는 잘 어울리는 키워드입니다. 그러나 **탐정**은 앞의 두 키워드와는 잘 어울리지 않는 키워드입니다. 키워드를 잘 조합하면 평범한 문장에 신선함을 추가할 수 있습니다.

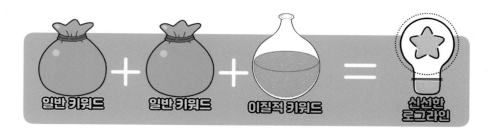

이렇게 키워드를 조합해서 연재한 작품이 하나 더 있습니다. 이 작품의 키워드는 **스릴러**, **배틀로얄**, **카카오톡**이었습니다. **스릴러**와 **배틀로얄**[1]이라는 잘 어울리는 키워드 사이에 **카카오톡**이라는 키워드가 섞이면서 다음과 같은 로그라인을 가진 〈단톡〉을 연재할 수 있었습니다.

로그라인 스팸 카톡으로 진행되는 한국형 배틀로얄

이번에는 여러 가지 유명한 작품을 예시로 들어보겠습니다.

예시 1 – 영화 〈김씨 표류기〉

표류, **생존**, **한강**

로그라인 한강 밤섬에서 벌어지는 캐스트 어웨이

영화 〈김씨 표류기〉의 로그라인과 키워드를 추출해보자면 이와 같은 형태입니다. 생존과 표류라는 키워드에는 당연히 **망망대해**나 **우주 공간**과 같은 장소가 어울릴 것입니다. 하지만 출입구가 없는 한강 위 작은 무인도라는 설정은 신용불량자라는 주인공의 처지와 엮여 좋은 은유가 되어줍니다. 이야기는 은유에 맞추어 '사회 속 고립'이라는 주제를 잘 표현해냅니다.

---

1 프로레슬링 규칙 중 하나로 여러 명의 선수가 동시에 링에 올라가 단 한 명이 남을 때까지 진행되는 형태. 일본 영화 〈배틀로얄〉에서 이 규칙을 인용해 살인 게임을 만들었고 이후 장르화되었다.

예시 2 - 드라마 <시그널>

<u>살인 사건, 형사, 타임 리프</u>

로그라인 과거와 현재를 이어주는 무전기로 미제 살인 사건 해결하기

드라마 <시그널>의 로그라인과 키워드를 추출해보았습니다. **살인 사건**과 **형사**는 정말 잘 어울리는 키워드입니다. 당연히 장르는 범죄나 스릴러가 어울립니다. 하지만 여기에 **타임 리프**라는 조금 생뚱맞은 키워드가 들어가면서 범죄 장르에 새로운 매력이 입혀집니다. 미제 살인 사건이 '과거와 현재를 이어주는 무전기'를 통해 어떻게 해결될까요? 키워드 하나가 상상력을 불러일으킵니다.

예시 3 - 만화 <시간을 달리는 소녀>

<u>사춘기, 로맨스, 타임 리프</u>

로그라인 타임머신을 주운 고등학생의 로맨스

일본 만화 〈시간을 달리는 소녀〉에서 주인공 '마코토'는 시간을 되돌릴 수 있는 타임머신을 줍습니다. 하지만 이 엄청난 기계로 하는 일이라고는 고작 시간이 다 된 노래방을 한 번 더 이용하는 일 정도입니다. 이 이야기는 타임 리프보다 미래에서 온 남학생 '치아키'와 주인공 '마코토'의 러브라인에 초점을 맞추고 있습니다. SF 장르에서 타임 리프에 대한 설정만 가져오고 로맨스 장르로 바꿔버린 것입니다.

예시 4 – 만화 〈최종병기 그녀〉

최종병기, SF, 로맨스

`로그라인` 국가 재난을 막아내는 최종병기 그녀의 로맨스

〈최종병기 그녀〉 또한 SF 장르에 어울리는 설정을 로맨스 장르로 활용한 사례입니다. 국가의 위기를 수호하는 최종병기인 '치세'는 사랑하는 사람 앞에서 병기로 변신하는 모습을 보여주는 것이 창피합니다. 이야기는 그런 '사춘기 소녀의 감정'에 초점을 맞추고 있습니다.

자, 그럼 이제 여러분의 차례입니다. 웹툰과 영화의 키워드를 추출해 로그라인을 만드는 연습을 진행해봅니다. 여러 가지 예시 작품 중 자신이 알고 있는 하나를 선택해 로그라인과 키워드를 추출해보세요.

Udonism Paper 　로그라인 분석

문서 파일 _ 02_로그라인분석.docx

장르 1	작품명	예시 작품 사용 또는 작성	키워드	예시 작품 사용 또는 작성
	로그라인	예시 작품 또는 직접 작성한 작품의 로그라인 기재		
	작품명		키워드	
	로그라인			
	작품명		키워드	
	로그라인			
장르 2	작품명		키워드	
	로그라인			
	작품명		키워드	
	로그라인			
	작품명		키워드	
	로그라인			
장르 3	작품명		키워드	
	로그라인			
	작품명		키워드	
	로그라인			
	작품명		키워드	
	로그라인			

문서 템플릿 내의 예시 작품 외에도 자신이 좋아하는 다양한 작품을 분석해볼 수 있습니다.

어떻게 로그라인과 키워드를 추출했을지 정말 궁금합니다. 추출한 내용에는 정답이 없습니다. 누군가의 상상력을 자극할 수만 있다면 잘 만든 로그라인입니다. 아래는 제가 추출해본 〈덴마〉라는 웹툰과 〈극한직업〉이라는 영화의 로그라인, 키워드입니다. 이 이야기를 전혀 모르는 분들의 상상력을 자극할 수 있도록 소재와 문장을 추출했습니다. 따라서 실제 작가가 의도한 내용과는 다를 수 있습니다.

예시 5 - 웹툰 〈덴마〉

우주 SF, 초능력자, 택배 배달원

로그라인 우주 택배 회사에서 일하는 초능력자의 이야기

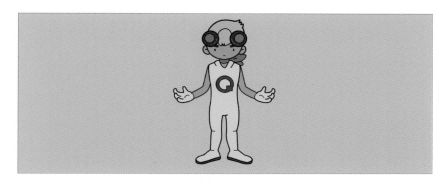

주인공 '덴마'의 초능력은 물체를 순간 이동하는 등가 교환이라는 기술입니다. 여기서 기술에 대한 설명을 로그라인에 넣을지는 고민이 필요합니다. 기술이나 기능 등을 로그라인에 넣으면 읽는 사람의 상상력이 한정될 수 있기 때문입니다.

예를 들어 마음을 훔치는 초능력자라는 로그라인이 있다면 어떨까요? 누군가를 사랑의 노예로 만들어서 부릴 수 있을 것이라고 쉽게 상상할 수 있습니다. 계산에 아주 뛰어난 머리를 가진 초능력자, 정말 힘이 강한 초능력자와 같은 내용이 로그라인에 표현된다면 어떨까요? 두 사람이 만나면 행성 궤도를 활용한 회전력으로 물건을 던져 배달할 수도 있지 않을까요?

작품의 내용을 모두 압축해 로그라인으로 만들려고 하지 않아야 합니다. 내용을 압축하는 순간 로그라인을 읽는 사람의 상상력이 개입될 여지가 줄어들기 때문입니다.

〈덴마〉에서 실제 연재된 내용은 여기서 추출한 로그라인과 다르지만 초기 설정은 유사합니다. 로그라인을 통해 '초능력자들은 어떤 방식으로 우주에서 택배를 배달할까?'와 같이 원형의 이야기 형태를 자유롭게 떠올렸다면 충분합니다.

예시 6 – 영화 <극한직업>

<u>형사, 잠복근무, 맛집</u>

로그라인 잠복근무를 위해 치킨집을 운영했는데 맛집으로 소문난 이야기

이 영화는 실제 내용과 비슷한 로그라인을 추출했습니다. 하지만 역시 영화의 디테일한 이야기나, 코믹한 분위기, 만화 같은 액션 등은 포함하지 않았습니다. 이것들이 메인 소재가 아니라고 생각하기도 했지만 자칫 장르가 확정되어 상상력이 제한될 것 같았기 때문입니다.

결국 로그라인의 역할은 다음 두 가지입니다.

❶ 이야기를 보고 싶게 유도하는 카피 문구
❷ 이야기의 분위기를 예상할 수 있게 하는 예고 문구

로그라인은 내용을 압축하기보다 내 작품을 볼 사람, 나를 데뷔시켜줄 PD나 심사위원의 상상력을 자극할 수 있는 문장으로 만드는 것이 더 유리합니다. 상상력을 자극시켜 흥미를 이끌어내는 데 성공한다면 그들이 호의를 가지고 시놉시스를 한 번이라도 더 들여다볼 테니까요.

Check Point

✔ 콘텐츠의 매력은 키워드 조합의 이질감에서 나타난다.
✔ 잘 만든 로그라인은 읽는 사람의 상상력을 자극한다.

진부하고 뻔한 이야기

완성된 이야기에서 로그라인이나 키워드를 찾아보며 좋은 로그라인에 대해 어렴풋하게나마 감을 잡았을 겁니다. 하지만 문제가 하나 있습니다. 내가 좋아하는 작품에서는 로그라인이나 키워드를 쉽게 찾을 수 있는데, 내가 만든 이야기에서는 왠지 모르겠지만 찾기가 힘들다는 것입니다. 그 이유는 다음 두 가지로 설명할 수 있습니다.

❶ 아직 자신의 작품에 대한 이해가 부족한 경우

자기 작품에 대한 스스로의 이해가 부족하다면 시간이 많이 필요합니다. 정말 잘 만든 재미있는 작품인데 기획서에서 횡설수설하면 심사위원도, 작가 본인도 작품에 대한 청사진을 그릴 수가 없습니다. 하지만 이런 경우는 정말 드뭅니다.

❷ 내가 만든 작품이 시작부터 잘못된 경우

대부분은 시작부터 잘못된 경우입니다. 작품에 장르만 있고 핵심 키워드가 없는 경우일 겁니다. 세계관만 있고 인물의 핵심 목표는 없거나, 키워드는 명확하지만 조합 자체가 매력이 없을 수도 있습니다. 애초에 좋은 로그라인이나 키워드가 나오기 어려운 경우입니다.

여러분의 작품을 보고 판단하는 심사위원이나 PD들은 전문가입니다. 전문가라는 말에는 '더 실력이 뛰어난'이라는 의미도 있겠지만 '더 익숙한'이라는 의미도 담겨 있다고 생각합니다. 기술적인 실력만 놓고 보자면 현역으로 활동하는 프로 작가보다 뛰어난 아마추어 작가도 얼마든지 찾을 수 있으니까요. 여기서의 익숙함이란 작품을 더 많이 만들어보았거나 또는 더 많이 소비했다는 의미입니다.

예를 들어 '판타지 액션'이라는 장르는 10대부터 20대 남성 독자들에게 가장 많은 사랑을 받는 장르지만 30대나 40대 이상으로 편성된 심사위원에게는 이미 물리도록 소비한, 진부한 콘텐츠로 비춰집니다.

네이버 웹툰에 해적, 액션, 초능력자라는 키워드의 웹툰이 연재된다고 가정해봅시다. 대부분의 독자가 이 키워드를 보면 일본 만화인 〈원피스〉라는 작품을 떠올리게 됩니다. 그리고 〈원피스〉와 관련된 수많은 댓글이 달릴 것입니다. 하지만 아직 〈원피스〉라는 만화를 모르는 독자가 있다면 그 웹툰을 더 재미있게 볼지도 모릅니다.

심사위원은 해당 분야의 전문가이기에 일반인보다 훨씬 많은 장르의 이야기를 소비해왔습니다. 그래서 평범한 키워드로 묶인 작품은 이들의 눈에 진부하게 보일 수밖에 없습니다. 이런 이유로 독자 투표를 받는 공모전과 전문가가 심사하는 공모전에서 서로 다른 결과가 나오기도 합니다. 나의 원고가 10대나 20대를 겨냥한 작품인데, 심사위원이 그동안 본 작품과 특별한 차이점이 없어 보인다면 어떨까요? 시작부터 잘못된 기획이었을 수도 있다는 것입니다.

여러분은 내가 재밌다고 느낀 장르나 아이디어로 이야기를 만들었을 확률이 높습니다. 10대부터 20대까지 내가 즐겼던 이야기를 그대로 답습한 형태의 작품일 확률이 크다는 말입니다. 그런 이야기들은 심사위원의 눈에 대체로 진부하게 보입니다.

만약 여러분이 웹소설을 쓴다면 오히려 쉽습니다. 웹소설의 경우 '판타지'나 '로맨스' 등과 같이 시장 내 주류 장르만을 선호하는 경향이 있기 때문입니다. 연독 이탈률이 큰, 글 매체의 특성 때문인데, 연독 이탈률이란 보던 작품의 전개가 답답하거나 취향이 아닌 경우 더 이상 작품을 보지 않는 것을 말합니다. 웹소설을 쓰고자 한다면 오히려 주류에 속하는 진부한 장르를 선택해야 할 수도 있다는 점을 꼭 기억합니다.

우리는 앞으로 새로운 이야기를 만들 때 기존의 이야기나 아이디어에서 출발하지 않고 로그라인부터 새롭게 시작하는 방법을 사용할 것입니다. 이야기가 상품이 되기 위해서는 상품이 될 수 있는 기획이어야 합니다. 웹툰이라면 가능한 새로운 부류의 콘텐츠로, 웹소설이라면 가능한 주류의 콘텐츠로 창작의 방향을 선택하는 것이 이야기를 상품화하기 위한 전제 조건입니다. 그리고 그 조건에 따르는 좋은 로그라인을 만들어야 합니다. 좋은 로그라인은 이야기를 상품으로 만들기 위한 첫 번째 발걸음이 되어줄 것입니다.

키워드 조합으로 로그라인 만들기

좋은 로그라인은 의외의 조합으로부터 나올 가능성이 높습니다. 예를 들어보겠습니다. 앞서 영화 〈김씨 표류기〉에서 추출한 키워드는 **표류**, **생존**, **한강**입니다. 여기서 **표류**와 **생존**은 서로 잘 어울리는 키워드입니다. 이 두 개의 키워드는 조난 장르의 작품이라면 필수로 들어가야 하는 키워드일 것입니다. 조난 장르를 만들기 위해 필요한 키워드가 더 있다면 무엇일까요?

Keyword List

표류, 생존, 뗏목, 식수, 거친 날씨, 사고, 배, 텐트, 랜턴, 칼, 나뭇잎 옷, 원주민, 무인도, 망망대해

끝없이 나열할 수도 있지만 우선 떠오른 키워드 몇 가지를 추려보았습니다. 보통 조난 장르의 작품에는 로맨스가 들어가기도 하지만, 조난 상황 자체와는 크게 관련 없는 키워드이므로 제외했습니다. 이렇게 정리된 키워드는 **표류**, **생존**과 너무 잘 어울리는 것들이라 무엇을 추가하더라도 이야기의 분위기는 크게 달라지지 않을 것입니다. 조합의 의외성을 얻어내려면 이런 비슷한 성질의 키워드 이외의 것을 넣어야 합니다.

이번에는 조난과 별로 관계가 없는 키워드인 **한강**을 확인해봅시다. 조난과 크게 관련 없는 의외의 키워드입니다. 이 독특한 키워드 덕분에 〈김씨 표류기〉는 매력적인 이야기가 될 수 있었습니다. 여기서 **한강**은 어떤 성질의 키워드일까요? 보기에 따라 여러 가지 성질로 분류될 수 있겠지만 이 이야기에서는 [장소]의 키워드로 사용되었습니다. 이번에는 [장소]에 해당하는 키워드를 한번 나열해볼까요?

**망망대해, 한강, 깊은 산, 우주, 화성, 외계 행성, 고층 빌딩, 옥탑, 커피
숍, 학교, 화장실, 자동차 안, 비행기**

[장소]와 관련된 열 개 내외의 키워드를 생각나는 대로 정리했습니다. 이제 **표
류, 생존, 한강**이라는 키워드에서 [장소]만 바꿔보는 겁니다. 이때 **망망대해**나 **깊은
산, 우주**와 같은 키워드를 사용하기에는 진부해 보입니다. **표류**나 **생존**과 너무 잘
어울리는 키워드이기 때문입니다. 조난과 어울리지 않는 키워드를 선택해보는
것이 좋습니다.

예시 1 - 장소 키워드 바꿔보기

표류, 생존, 화성

영화 〈마션〉이 생각나는 키워드 조합입니다. 〈마션〉은 화성에 혼자 남겨진 채
생존해야 하는 식물학자의 이야기입니다. 식물도 키우고 음식을 만들어 먹으며
자급자족하는 연출이 매력적인 이야기죠. 특히 SF 장르에 어울리게 과학적 지
식을 활용해 물을 만들어내던 연출이 기억에 남습니다.

표류, 생존, 옥탑

옥탑에서 아래로 내려가는 문이 밖에서 잠겨버렸다면? 주인공이 당황해서 어딘가에 전화를 하려다가 옥상 아래로 핸드폰이 떨어진다면 더할 나위 없겠죠. 상황은 만들기 나름일 겁니다.

표류, 생존, 화장실

실제로 인터넷 커뮤니티에서는 화장실에 갇힌 사람들의 괴담을 쉽게 찾을 수 있습니다. 목욕이나 샤워를 할 때는 핸드폰을 밖에 두고 들어갈 수도 있으므로 외부에 도움을 요청하기가 쉽지 않습니다. 불행 중 다행인 것은 물만큼은 충분히 있어 주인공이 오랫동안 생존할 수 있다는 것입니다. 화장실에서 탈출하려면 어떤 방법을 사용해야 할까요? 혹은 어떤 물건을 넣어주면 화장실 안에서 더 흥미로운 고립 생활이 가능할까요? 주인공을 괴롭히기도 하고, 기지를 발휘하게끔 하기도 하는 등 다양한 아이디어가 떠오릅니다.

예시 2 - 영화 <택시 운전사>

택시, 드라마, 광주 민주화 운동

로그라인 민주화 운동이 벌어지고 있는 광주가 목적지인 외국인 기자를 태운 택시 운전사

이 이야기에서 **택시**와 **드라마**는 비슷한 성향의 키워드입니다. 공교롭게 이번에도 [장소]가 다른 성향의 키워드로 사용된 것 같습니다. 장소에 대한 키워드는 만들어둔 게 있으니 다시 가져오겠습니다.

Keyword List

망망대해, 한강, 깊은 산, 우주, 화성, 외계 행성, 고층 빌딩, 옥탑, 커피 숍, 학교, 화장실, 자동차 안, 비행기

이 키워드 중에서 택시나 드라마가 잘 어울리는 장소는 제외하고 조합해보겠습니다.

택시, 드라마, 우주

일상의 범주를 벗어난 공간 속의 택시 운전사는 어떤 느낌일까요? 한강이라는 현실적인 장소에서 조난을 당한 〈김씨 표류기〉와는 정반대의 상황이 되었습니다. 택시를 탄 손님은 어떤 사연을 가지고 있길래 지구를 떠나 화성에 정착하려는 것일까요? 실연당해 우는 여자의 눈물이 무중력 공간 속 택시 운전을 방해하지는 않을까요?

키워드 조합에 조금 더 변화를 주면 **택시**, **로맨스**, **우주**가 될 수도 있습니다. 아무도 없는 광활한 우주 공간 속 토성의 고리를 배경으로 펼쳐지는 택시 운전사와 손님의 로맨스는 어떨까요? 이 작품만이 할 수 있는 다양한 연출들이 떠오릅니다.

이처럼 성향이 비슷한 키워드들을 모아 로그라인을 만드는 방식은 상당히 편리합니다. 그럼 이번엔 여러분이 직접 해볼 차례입니다. [장소] 키워드를 바꾸어 신선한 키워드 조합을 찾아보고, 가능하다면 그 키워드 조합으로 로그라인까지도 만들어봅시다.

Mission

다음 빈칸에 여러분이 생각하는 [장소] 키워드를 채워보고 로그라인을 만들어보세요.

: 채워 넣은 키워드를 활용해 신선한 조합과 로그라인을 찾아봅니다.

❶ <u>표류</u>, <u>생존</u>, (_____)

❷ <u>택시</u>, <u>드라마</u>, (_____)

❸ <u>표류</u>, <u>드라마</u>, (_____)

❹ <u>택시</u>, <u>생존</u>, (_____)

Story Key Point

1. 콘텐츠의 매력은 키워드 조합의 이질감으로부터 나타난다.

잘 어울리는 조합의 키워드로 만든 로그라인은 클리셰나 뻔한 이야기를 떠올리기 쉬워서 매력적으로 느껴지지 않는다. 신선하고 매력적인 로그라인을 만들기 위해서는 잘 어울리는 키워드 사이에 이질적인 키워드를 집어넣어야 한다.

2. 잘 만든 로그라인은 읽는 사람의 상상력을 자극한다.

상상력을 자극하는 로그라인이 가장 좋은 로그라인이다. 로그라인을 통해 독자는 상상력을 발휘하고, 작품에 호기심을 가진다.

3. 작품의 내용을 모두 압축해 로그라인으로 만들어서는 안 된다.

로그라인은 작품의 핵심과 재미를 요약한 문장과도 같다. 그렇다고 작품 내용을 모두 압축해 로그라인에 담는 순간 읽는 사람의 상상력이 개입될 여지가 줄어드므로 주의해야 한다.

03 키워드 변형으로 로그라인 만들기

단계별로 키워드 변형하기

키워드를 변형하는 방법으로 본격적인 창작을 시도해볼 차례입니다. 순수하게 창작을 하는 일도 명작의 키워드를 바꾸어 새로운 이야기로 변모시키는 일과 크게 다르지 않습니다. 한 가지 필요한 일이 있습니다. '뻔하다 싶은 키워드 조합'을 몇 가지 만들어두는 것입니다. 그중 하나의 키워드만 바꾸어 새롭고 매력 있는 이야기로 바꿔볼 것이니까요.

Mission

뻔하다고 느껴지는 키워드 조합을 몇 가지 만들어보세요.

: 떠오르는 영화, 드라마, 웹툰, 웹소설의 키워드 조합을 만들어도 좋고, 생각나는 대로 만들어도 좋습니다.

처음부터 새로운 이야기를 만들지 않고 왜 번거롭게 단계를 나누냐는 의문이 들 수도 있습니다. 두 가지 정도의 답이 있습니다. 먼저 작가들이 흔하게 겪는, '백지 공포증'이라는 정신적인 현상 때문입니다. 백지 공포증은 눈앞에 백지를 놓으면 아무 생각도 나지 않는 현상을 말합니다. 작가의 장벽(Writer's Block)

이라는 개념과 비슷합니다. 베테랑 작가든지 신인 작가나 아마추어 작가든지 대부분의 창작자는 백지 공포증을 가지고 있습니다. 그럴 때 필요한 것이 일단 백지 위에 무언가라도 채우는 것입니다.

글쓰기 수업에서는 선생님이 다음과 같이 첫 문장을 제시하기도 합니다.

"'나는 용서한다'로 시작하는 글을 써보십시오"

웹툰을 그릴 때도 동그라미에 십자 표시부터 연하게 그리면서 형태를 잡는 작가들을 흔하게 볼 수 있습니다. 백지 위에 희미한 것이라도 무언가 내용을 채워야만 그때부터 꼬리에 꼬리를 물 듯 생각이 이어지기 쉽습니다.

둘째로는 생각을 효율적으로 사용하기 위함입니다. 특히 콘티처럼 많은 지적 노동이 필요한 작업은 글 콘티와 그림 콘티로 나누어 작업하는 편이 효율적입니다. 글 콘티를 진행할 때는 오직 상황을 어떻게 묘사하는 게 좋을지 정도만 고민하고 표현합니다. 그림 콘티일 때는 글 콘티를 어떻게 그림으로 잘 옮길 것인가에만 집중합니다.

악기 연주를 먼저 녹음하고 그 위에 노래를 부르는 방식과 비슷합니다. 악기를 연주하며 동시에 노래까지 부르는 건 정말 어려운 일입니다. 따라서 한 번에 한 가지 일에만 집중할 수 있도록 하기 위해서 단계를 나눕니다.

처음으로 다시 돌아갑시다. 흥미로운 패턴은 뻔한 패턴을 한 번 꼬았을 때 만들 수 있습니다. 일단 뻔한 패턴부터 하나 만들어볼까요? 유명한 이야기를 가져오는 것이 아닌 완전한 창작 과정이기에 먼저 간단히 규칙을 정할 필요가 있습니다. 우리는 키워드를 ❶ [장소], ❷ [인물], ❸ [상황], ❹ [직업], ❺ [시대], ❻ [장르] 순서로 분류해 변형 작업을 진행해볼 것입니다.

먼저 최대한 뻔한 내용의 로그라인과 키워드를 제시해보겠습니다. 앞서 직접 만든 키워드 조합을 활용해도 좋습니다.

❶ 서울, ❷ 성인 남자, ❸ 복수, ❹ 저격수, ❺ 현대, ❻ 느와르

로그라인 부모의 원수를 갚으려는 저격수

 코칭 팁 모든 키워드를 다 바꿀 필요는 없습니다.

장소 키워드로 로그라인 변형하기

Keyword List

망망대해, 한강, 깊은 산, 우주, 화성, 외계 행성, 고층 빌딩, 옥탑, 커피
숍, 학교, 화장실, 자동차 안, 비행기, 시골

그럼 첫 번째 키워드인 ❶ [장소]부터 바꿔보며 이야기를 변형해봅시다.

장소 범위 좁히기

옥탑, 성인 남자, 복수, 저격수, 현대, 느와르

로그라인 옥탑방 저격수

서울을 옥탑이라는 설정으로 조금 더 한정 지었을 뿐인데 이야기의 방향이 명확해지는 느낌이 듭니다. 아마도 주인공은 원수의 집이 잘 보이는 옥탑방을 계약했을 겁니다. 그리고 옥탑방에서 계획을 세우고 작전을 시행할 것입니다. 목표한 인물의 하루 동선을 체크해야 할 것이고, 완전 범죄를 위해 동네의 지도, 지형, CCTV의 위치 등 다양한 것을 조사할 것이라고 예상할 수 있습니다.

장소 바꾸기

시골, 성인 남자, 복수, 저격수, 현대, 느와르

로그라인 농촌 저격수 느와르

서울을 시골로 바꾸면 어떻게 될까요? 시골은 저격을 하기에는 힘든 곳일지도 모릅니다. 높은 건물이 없고 저격수 같은 차림은 너무 눈에 띄기도 합니다. 추수가 끝난 논밭은 몸을 숨기기 쉽지 않고, 기껏 자리를 잡아 목표를 조준하고 있다 하더라도 동네 개가 다가와 꼬리를 살랑이며 방해할 수도 있습니다.

어쩌면 남의 밭에서 뭐 하는 거냐며 쫓아오는, 낫을 든 농부 할아버지를 피해 도망가는 상황이 벌어질지도 모르겠네요. [장르]는 자연스레 느와르가 아닌 코믹이 되어버릴지도 모르겠습니다. 또 다른 예시를 들어보면 좋겠지만 아직 바꿔볼 키워드는 많으니 다음으로 넘어가겠습니다.

인물 키워드로 로그라인 변형하기

Keyword List_____

아이, 사춘기, 외계인, 히어로, 초능력자, 범인, 살인마, 사이코패스, 키 작은 남자, 키 큰 여자, 뚱뚱한 사람, 마른 사람, 원주민, 시각 청각 등 특정 감각이 불편한 사람

이번에는 ❷ [인물]의 키워드를 바꿔보겠습니다.

인물 바꾸기

서울, 소녀, 복수, 저격수, 현대, 느와르

로그라인 중학생 저격수 소녀

성인 남자를 소녀로 바꿔보았습니다. 어쩐지 영화 〈레옹〉의 '마틸다'가 떠오르네요. 소녀가 자신의 키보다 더 큰 저격총을 메고 있는 것이 개성적입니다. 주인공에 대한 감정 이입도 조금은 더 수월해집니다.

장소와 인물 바꾸기

옥탑, 소녀, 복수, 저격수, 현대, 느와르

[로그라인] 옥탑방의 중학생 저격수 소녀

장소까지 옥탑으로 바꿔보았습니다. 고전 만화 〈달려라 하니〉의 옥탑이 떠오르기도 하네요. 소녀 혼자 옥탑에 살면서 복수를 위해 계획을 짜고 살아가는 모습에서 주인공이 성인 남자일 때와는 다른 감정을 느낄 수 있습니다.

상황 키워드로 로그라인 변형하기

Keyword List

지구 종말, 타임 리프, 역모, 로또 당첨, 스케일 변화, 몸이 뒤바뀜, 더위,
추위, 화산 폭발, 지진, 압류 딱지, 기억 상실, 동물의 말이 들린다

특정 ❸ [상황]을 변형하면 이야기가 완전히 다른 맥락으로 흐를 수도 있습니다.

상황 바꾸기

서울, 성인 남자, 역모, 저격수, 현대, 느와르

여의도 저격수

상황에 역모를 넣었더니 갑자기 정치극이 됩니다. 대통령 혹은 유명 정치인을 암살하기 위한 저격수의 이야기는 어떨까요? 여기서도 성인 남자보다는 생활비를 벌기 위해 암살을 하는 소녀 쪽이 더 흥미로워 보입니다. 상황과 인물을 함께 바꿔볼까요?

인물과 상황 바꾸기

서울, 소녀, 기억 상실, 저격수, 현대, 느와르

사장님이 부모님의 원수였다

소녀는 부모님을 죽인 원수가 누구인지 기억하지 못합니다. 고된 삶을 살던 소녀가 편의점에서 일자리를 구하고, 편의점 사장님은 소녀가 그간 경험하지 못했던 가족의 따스함을 느끼게 합니다. 하지만 그 사장님이 부모님의 원수였다는 건 둘 다 모르는 상황입니다.

이 둘의 이야기는 어떤 형태로 끝이 날까요? 느와르 장르보다는 드라마 장르의 이야기에 더 어울리는 로그라인 같습니다. 이 경우 너무 많은 소재가 섞여 있어 이야기의 중심이 무엇인지 헷갈릴 수 있습니다. 복수극, 드라마, 저격수 등 어떤 것이 주된 콘텐츠인지 알 수 없는 경우에는 로그라인의 매력이 떨어지거나 구구절절 설명이 길어집니다.

직업 키워드로 로그라인 변형하기

Keyword List

학생, 직장인, 작가, **피아니스트, 기타리스트, 대통령,** 연예인, **직장인, 정치인, 농구선수,** 서퍼, **야구선수, 회계사, 침략자, 경찰, 군인, 택배 배달원,** 사냥꾼, **킬러, 유튜버**

인물의 ❹ [직업] 역시 이야기를 변형할 때 매우 효과적인 요소입니다.

직업 바꾸기

서울, 성인 남자, 복수, 택배 배달원, 현대, 느와르

로그라인 복수 배달 왔습니다

이번에는 직업을 바꿔볼 차례입니다. 어느 장소에나 자연스럽게 잠입할 수 있는 택배 배달원은 어떻게 복수를 할 수 있을까요? 택배 박스에 폭탄을 숨기는 진부하지만 효과적인 방법입니다. 수리 기사나 설치 기사라면 조금 더 잠입이 쉬워지겠군요. 에어컨 설치 기사라면 실외기를 몰래 고장 내는 것만으로도 목표한 집에 손쉽게 들어갈 수 있을 것입니다.

시대에 맞는 직업 바꾸기

서울, 성인 남자, 복수, 유튜버, 현대, 느와르

로그라인 복수극 라이브 스트리밍

직업을 시대 트렌드에 맞춰보는 것도 좋습니다. 유튜버가 자신의 직업을 이용해 복수를 꿈꾼다면 어떤 일이 벌어질지 상상해봅시다. 만약 먹방 유튜버라면 원수의 인육을 먹는 공포나 고어 장르가 탄생하지 않을까요? 이슈 유튜버라면 원수에 대한 가짜 뉴스를 반복적으로 제작하거나, 여론을 조작하면서 사회적으로 매장할 수도 있을 것입니다.

시대 키워드로 로그라인 변형하기

Keyword List

고대, 중세, 근대, 미래, **포스트 아포칼립스**, 중세 유럽, 1980년, 1차 또는 2차 세계 대전 시기, **전염병 창궐 시대**, 대공황, **판타지 시대**, 극단적 이념의 시대

❺ [시대]를 바꾸는 것도 좋은 방법입니다. 시대 중심의 이야기를 만들 때는 고증 등의 오류에 주의해야 합니다.

시간대 바꾸기

서울, 성인 남자, 복수, 저격수, 조선 시대, 느와르

로그라인 조선의 저격수

조선 시대에도 저격수가 있었을까요? 만약 있었다 하더라도 일반적인 국궁으로는 저격이 어려웠을 것입니다. 당시의 기술력을 고증해 석궁을 만들거나, 먼 나라에서 온 상인들의 암거래 시장에서 좋은 무기를 구매할 수도 있겠죠. 조선 시대 느와르라면 의상과 건물들을 어떻게 표현해야 좀 더 느와르 느낌이 날 수 있을까요? 이를 고민하면서 스케치해보는 것도 즐거운 일입니다.

시대상 바꾸기

서울, 성인 남자, 복수, 저격수, 전염병 창궐 시대, 느와르

로그라인 원수가 병으로 죽어가고 있다

내 손으로 죽여야 하는 원수가 전염병으로 죽어가고 있다면 주인공은 어떤 감정이 들까요? 완벽히 복수할 수 있는 상황을 만들었지만 원수가 병으로 죽어버렸다면 앞으로 무엇을 위해 인생을 살아야 할까요? 이야기의 도입부에도 어울리는 이야기입니다. 꿈도 희망도 없는, 목표를 잃은 사람에게 남은 것은 무엇일까요? 이 사람을 활용한 드라마나 로맨스 장르의 이야기는 어떨까요?

장르 키워드로 로그라인 변형하기

❻ [장르]를 바꾸면 더 큰 범위에서 극의 분위기를 완전히 다르게 만들 수 있습니다. 앞의 키워드 변형이 이야기의 세부 디테일을 변형할 수 있었다면 장르의 변형은 이야기를 완전히 다른 방향으로 표현합니다.

장르(메이저) 바꾸기

서울, 소녀, 복수, 저격수, 현대, 로맨스

`로그라인` 죽이고 싶은 남자를 사랑해야 하는 소녀

자신의 힘으로는 도저히 복수에 성공할 수 없다고 생각하는 소녀가 있습니다. 이 소녀는 원수를 유혹하는 방법을 택할 수 있지 않을까요? 원수에게 접근할 수만 있다면 무엇이든 할 수 있다는 각오가 느껴지게 이야기를 만들 수 있습니다. 원수를 앞에 둔 채 끓어오르는 분노를 감추면서 그를 유혹해야 하는 절박한 상황이 머릿속에 그려지기도 합니다.

장르(마이너) 바꾸기

서울, 소녀, 복수, 저격수, 현대, B급 액션

로그라인 소녀 저격수의 B급 복수 액션

B급 액션으로 장르를 바꾸었더니 영화 〈킬빌〉이나, 히어로 장르인 〈킥 애스〉의 '힛걸' 캐릭터가 떠오릅니다. 한국판 '힛걸'이 킬빌과 같은 복수극을 진행한다면 어떤 느낌일까요? 캐릭터의 의상은 개량 한복이 어울릴까요? B급 액션이기에 액션의 볼거리에 많은 계획이 필요할 겁니다. 흔한 정통 액션이 아니라 B급 액션이 주는 독특한 매력을 잘 이용한다면 확실한 차별점이 될 수 있습니다.

1. 처음 이야기를 만들 때는 뻔한 조합의 키워드를 여러 개 만들어두는 것이 좋다.

   처음부터 새로운 이야기를 만들기는 어렵다. 뻔한 조합의 키워드를 나열한 후 하나씩 바꿔가면 쉽게 이야기를 떠올릴 수 있다.

2. 모든 키워드를 다 바꾸기보다는 몇 가지만 바꾸는 것이 효율적이다.

   단 하나의 키워드만 바꾸는 방법으로도 상상할 수 있는 이야기는 무궁무진하다.

3. 키워드를 변형하는 방법으로 여러 가지 이야기를 떠올릴 수 있다.

   장소, 인물, 상황, 직업, 시대, 장르로 구분된 키워드를 하나씩 변형하면서 처음 떠올렸던 키워드 조합과 다른 이야기를 만들어갈 수 있다.

   ❶ 장소 키워드 바꾸기 : 장소 범위 좁히기, 장소 바꾸기
   ❷ 인물 키워드 바꾸기 : 인물 바꾸기, 장소와 인물 바꾸기
   ❸ 상황 키워드 바꾸기 : 상황 바꾸기, 인물과 상황 바꾸기
   ❹ 직업 키워드 바꾸기 : 직업 바꾸기, 시대에 맞는 직업 바꾸기
   ❺ 시대 키워드 바꾸기 : 시간대 바꾸기, 시대상 바꾸기
   ❻ 장르 키워드 바꾸기 : 장르(메이저) 바꾸기, 장르(마이너) 바꾸기

04 여덟 가지 키워드 발상법 활용하기

아이디어에는 객관적인 시선이 필요하다

키워드를 새롭게 배열하거나 전문 소재를 넣는 것으로 로그라인에 힘을 싣고자 한다면 처음의 기획과 이야기의 방향이 많이 달라질 수밖에 없습니다. 여러분이 처음 떠올렸던 아이디어가 있다면, 그것들을 보고 난 다음의 제 대답은 다음과 같을 것입니다.

"처음에 생각했던 이야기는 일단 내려놓으세요."

아이디어는 객관적인 시선으로 확인해야 합니다. 처음 생각한 이야기를 '내가 하고 싶었던 이야기'가 아니라 '내가 하기 싫었지만 해야 하는 이야기'로 생각하고 살펴보세요. 여전히 그 아이디어가 재미있나요? 대부분의 경우 그렇지 않을 것입니다. 물론 내가 하고 싶었던 이야기에 더 정이 가는 것은 창작자의 어쩔 수 없는 본능입니다. 지금 여러분은 처음에 생각했던 설정으로 진행해야만 하는 핑계를 대고 있을지도 모르겠습니다.

제가 만났던 대부분의 창작자는 타인의 의견에 과하게 흔들리는 유형, 타인의 의견을 전혀 들을 생각이 없는 유형 중 하나였습니다. 많은 사람이 좋아하는 이야기를 만들고 싶다면 어느 정도의 타협은 필요합니다. 결과적으로 나의 만족보다는 보는 사람의 만족이 중요한 것이니까요.

작가가 만족한다고 독자가 만족하는
작품이 나올 것인가? 독자가 만족해야
작가가 만족할 것인가?

코칭 팁 사실 지금 단계에서 논쟁은 필요하지 않습니다. 저나 여러분에게 중요한 건 '데뷔작'이니까요. 실용적으로 생각해야 합니다. 이상을 펼치는 것은 데뷔 후에 실력을 쌓고 도전해도 늦지 않습니다. 작가의 인생은 길고 시간은 얼마든지 있습니다.

처음에 생각했던 이야기가 원석과도 같을 수 있습니다. 다듬어지지 않아 로그라인이 지루한 이야기였지만, 알맹이는 높은 가치를 지닌 것일 수도 있겠죠. 그렇다면 좋은 알맹이를 다듬는 방법을 알아야 합니다. 따라서 이번에는 이미 있는 이야기의 소재를 조금씩 바꿔서 로그라인을 다듬는 방법을 알아보겠습니다. 우선 확실한 주제나 내용이 있지만 로그라인이 지루하거나 뻔한 클리셰에 해당하는 이야기를 하나 제시해보겠습니다.

<u>가족, 행복, 재혼</u>

`로그라인` 재혼 가정의 부모와 아이가 행복을 찾는 이야기

이 키워드 조합으로 떠올릴 수 있는 이야기는 재혼 가정의 행복을 보여주는 평범한 드라마입니다. 이야기가 담고 있는 주제는 대중적이지만, 로그라인은 너무 평범하고 지루합니다. '재혼과 관련된 사회 문제 드라마'라는 설정을 유지한 채 로그라인이 재미와 힘을 갖추려면 무엇을 해야 할까요? 다음 여덟 가지 발상법으로 이야기를 발전시켜보겠습니다.

키워드 결합하기

키워드에 다른 한 가지 소재를 결합해보겠습니다. 다양성을 제안하는 키워드인 **퀴어**가 가장 먼저 떠오릅니다.

가족, 행복, 재혼 + 퀴어

평범한 드라마가 사회 이슈와 맞닿아 있는 이야기로 변모합니다. 보통의 재혼 이야기는 새 부모를 맞이할 아이에게 초점을 맞춥니다. 두 명의 아빠 혹은 두 명의 엄마를 맞이하는 아이는 어떤 생각을 하고, 어떤 경험을 할까요? 학교나 동네, 집 앞 마트, 식당 등에서 아이가 경험할 수 있는 사회의 편견 섞인 이야기들이 등장하지 않을까 상상해봅시다.

키워드 추가하기

이번에는 다른 키워드를 하나 추가해보겠습니다. **가족**과 **행복**, **재혼**은 드라마 장르에서 잘 어울리는 조합입니다. 이처럼 잘 어울리는 조합 사이에 전혀 어울리지 않는 단어를 추가하면 색다른 이야기를 떠올리기 좋습니다. **지구 종말**이라는 키워드를 넣으면 어떻게 될까요?

가족, 행복, 재혼, 지구 종말

바깥 상황을 알아보기 위해 아이와 새엄마를 집에 두고 떠난 아빠. 아이와 새엄마 둘만 남겨진 상황에서 지구 종말이라는 사건은 아이에게 어떤 감정의 변화를 줄지 생각해보세요. 시간이 얼마 남지 않았다는 설정은 어떨까요? 한정된 시간 안에 아빠를 찾아 떠나는 새엄마와 아이의 모습도 흥미로운 이야기의 바탕이 됩니다.

키워드 덜어내기

이번에는 키워드를 추가한 상황에서 기존의 키워드 하나를 덜어내겠습니다. **지구 종말**을 덜어내면 처음 설정과 달라질 게 없으니 다른 키워드를 덜어내야 합니다. 여기서는 **재혼** 키워드를 덜어내겠습니다.

가족, 행복, 지구 종말

서로의 소중함을 모른 채 서로 싸우고 상처만 주던 가족들이 지구 종말 소식으로 화해한다는 조금 진부한 내용이 떠오릅니다. 덜어냈던 **재혼** 키워드를 다시 가져오고 이번엔 **가족**이라는 키워드를 덜어내겠습니다.

재혼, 행복, 지구 종말

주인공은 가족을 위해 모든 것을 희생하며 엄마라는 역할의 삶을 살고 있습니다. 그러다가 뉴스에서 흘러나온 지구 종말 소식을 듣고 문득 진짜 행복을 찾아 떠나야 한다고 생각합니다. 미래가 없는 세상에서 이제 엄마라는 역할이 필요하지 않다고 생각한 것일까요? 아니면 며칠 전 우연히 길에서 만난 첫사랑이 생각났을까요? 무엇이든 관계없습니다. 이 이야기에서 지구 종말이라는 상황은 그녀에게 재앙이 아닙니다. 진짜 행복을 찾아 떠날 수 있게 도와주는 선물이겠죠.

인물에 감정 이입해 키워드 만들기

이번에는 인물에 감정 이입해 이를 중심으로 사고를 확장해봅니다. 아이와 아빠와 새엄마는 각자 어떤 인물일까요? 아이의 친엄마는 살아 있을까요? 그렇다면 무슨 이유로 이혼한 것일까요? 재혼을 결심한 새엄마는 아이의 존재를 어떻게 바라볼까요? 처음엔 성가신 존재로 여기다가 점차 아이가 가진 특별한 재능에 감화될지도 모르겠습니다. 괜찮은 키워드가 생겼습니다.

가족, 음악, 재혼

아이는 음악에 아주 특별한 재능이 있습니다. 이를 바탕으로 새엄마가 피아니스트여도 좋겠다는 생각이 듭니다. 아이는 음악에 대해 전혀 아는 게 없는 아빠와 달리 새엄마와 이야기가 잘 통하고 즐거울 것입니다.

키워드 반복하기

가족, 행복, 재혼, 재혼, 재혼, 재혼, 재혼, …

재혼을 여러 차례 반복한 가정의 아이라면 어떨까요? 재혼을 처음 겪는 아이와
는 새엄마를 대하는 태도가 확실히 다를 것입니다. 마음의 문을 열었다가 버림
받았던 몇 번의 경험은 아이에게 극복할 수 없는 좌절감을 줍니다. 아이는 포기
하는 방법과 마음의 벽을 쌓는 방법을 배웁니다. 좋은 새엄마에 대한 기억은 마
음의 문을 점점 굳게 닫는 계기로 활용되며, 아이는 행복한 기억 없이 아픈 기
억만 가지게 됩니다. 아이의 입장에서는 슬픈 이야기지만 캐릭터의 입체감은
훨씬 살아납니다.

키워드 스케일 변경하기

다음은 키워드의 스케일을 키우거나 축소하는 방법입니다. 이야기가 작은 스케
일에 어울린다면 일부러 더 키워보고, 큰 스케일의 이야기라면 일부러 더 작은
부분에만 집중해봅니다. 지금의 키워드는 작은 스케일에 해당합니다.

국가, 행복, 재혼

가족 단위의 스케일을 국가 단위로 키워보면 어떨까요? 대통령의 재혼 이야기 정도가 떠오릅니다. 대통령의 아이가 겪을 재혼 문제는 일반 가정의 재혼 문제와 어떤 점이 다른지 생각해봅니다.

가족, 행복, 재혼, 외계인

더 큰 스케일의 키워드를 추가해보았더니 종을 뛰어넘는 사랑이라는 주제가 떠오릅니다. 외계인 엄마를 맞이할 아이는 앞으로 무슨 일을 겪게 될까요? 외계인과 사람 사이의 코믹한 상황이 가장 먼저 떠오르지만, 종족 간 차별이라는 진중한 주제의 이야기가 될 수도 있습니다. 외계인 엄마의 장점과 진솔한 마음에 동화되어 행복한 가정을 이루는 결말이 떠오릅니다.

키워드 뒤집기

<u>옆집 이웃</u>, <u>행복</u>, <u>재혼</u>

다양한 관점에서 키워드를 뒤집어봅니다. 아이나 부모가 아닌 혼자 사는 옆집 노총각이 주인공이라면 어떨까요? 옆집의 소란과 문제를 바라보면서 역시 혼자 사는 것이 편하다는 생각을 할 것입니다. 어떤 계기를 통해 그들 가족과 가까워지면서 자신도 언젠가는 가정을 이루고 싶다고 생각할 수도 있습니다.

<u>친구의 엄마</u>, <u>재혼</u>, <u>짝사랑</u>

아이의 아빠와 아이가 짝사랑하는 여자 동급생의 엄마가 재혼하는 상황은 어떨까요? 새엄마를 맞이하는 정도의 수동적 역할이었던 아이는 부모의 재혼을 막

아서는 능동적인 역할로 바뀔 수도 있습니다.

키워드 바꾸기

장르나 성별, 시대, 크기나 질량, 나이 등의 작은 부분을 바꿔봅니다.

노년의 부모님, 행복, 재혼

여자아이가 겪게 되는 새아빠와 남자아이가 겪게 되는 새엄마에는 어떤 차이가 있을까요? 혹은 조선 시대 재혼 이야기와 현재의 재혼 이야기는 어떤 다른 점이 있을까요? 10대 청소년이 겪는 재혼 이야기와 30~40대가 겪는 노년이 된 부모님의 재혼 이야기는 어떻게 달라질까요?

Story Key Point

1. 최초에 생각했던 아이디어는 그다지 좋지 않을 가능성이 높다.

처음 떠올린 아이디어를 객관적인 시선으로 살펴보아야 한다. 로그라인과 키워드를 조합하면서 잘 맞는 이야기를 해야 하지 나만 재미있는 이야기를 해서는 안 된다.

2. 여덟 가지 키워드 발상법으로 키워드 조합과 로그라인을 다듬는다.

처음부터 새로운 이야기를 만들기는 어렵다. 뻔한 조합의 키워드를 나열한 후 하나씩 바꿔가면 쉽게 이야기를 떠올릴 수 있다.

❶ 키워드 결합하기 : 기존 키워드에 조합될 수 있는 다른 키워드를 결합하여 이야기를 만든다.

❷ 키워드 추가하기 : 기존 키워드에 다른 키워드를 추가하여 이야기를 만든다.

❸ 키워드 덜어내기 : 기존 키워드 또는 결합이나 추가로 변경된 키워드 조합에서 하나를 덜어내 다른 이야기를 만든다.

❹ 인물에 감정 이입하기 : 인물에 감정 이입하여 이야기를 전개하고, 어울리는 키워드를 추가한다.

❺ 키워드 반복하기 : 반복하여 효과를 얻을 수 있는 키워드를 통해 입체감 있는 이야기를 만들 수 있다.

❻ 키워드 스케일 변경하기 : 크기나 범위, 단위 등을 키우거나 줄이는 형태로 전혀 다른 이야기를 만들 수 있다.

❼ 키워드 뒤집기 : 다양한 관점에 따라 키워드를 변경한다. 변경되는 키워드는 성질이 같지만 반대의 의미를 품고 있는 등 기존 키워드와 관련된 키워드여야 한다.

❽ 키워드 바꾸기 : 앞서 학습한 키워드 변형을 통해 장르, 인물, 시대 등 작은 부분을 바꿔본다.

문서 파일 _ 03_키워드변형.docx

키 워 드 변 형 1	키워드	만들고자 하는 작품 또는 좋아하는 작품의 키워드 작성
	로그라인	만들고자 하는 작품 또는 좋아하는 작품의 로그라인 작성
	변형 방법	☐ 결합하기 ☐ 추가하기 ☐ 덜어내기 ☐ 이입하기 ☐ 반복하기 ☐ 스케일 변화 ☐ 뒤집기 ☐ 바꾸기 키워드의 변형 방법에 체크
	변형 키워드	키워드 변형하여 기재
	변형 로그라인	로그라인 변형하여 기재
키 워 드 변 형 2	키워드	
	로그라인	
	변형 방법	☐ 결합하기 ☐ 추가하기 ☐ 덜어내기 ☐ 이입하기 ☐ 반복하기 ☐ 스케일 변화 ☐ 뒤집기 ☐ 바꾸기
	변형 키워드	
	변형 로그라인	
키 워 드 변 형 3	키워드	
	로그라인	
	변형 방법	☐ 결합하기 ☐ 추가하기 ☐ 덜어내기 ☐ 이입하기 ☐ 반복하기 ☐ 스케일 변화 ☐ 뒤집기 ☐ 바꾸기
	변형 키워드	
	변형 로그라인	

예시와 관계없는 자신만의 새로운 로그라인과 키워드를 만들어도 무방합니다.

05 전문 소재를 활용한 로그라인 만들기

모든 조건을 무시하는 궁극의 키워드

로그라인을 만들 때 모든 복잡한 조건과 의도를 무시할 만큼 힘을 발휘하는 마법 같은 키워드가 있습니다. 바로 '전문 소재'라고 불리는 키워드입니다.

예를 들어보겠습니다. 일본 만화 〈신의 물방울〉은 '와인'이라는 전문 소재를 다루는 이야기입니다. 이 만화의 작가는 작은 아파트 전체를 와인 셀러로 만들어 1만 병의 와인을 소장하고 있을 정도의 '와인 오타쿠'입니다. 바로 그렇기 때문에 탄생할 수 있었던 만화이며 굉장한 성공을 거두었습니다.

웹툰 〈아만자〉를 아시나요? 이 웹툰은 암 환자를 전문 소재로 다루는 이야기입니다. 이 웹툰의 김보통 작가는 아버지가 암 투병을 하던 당시의 상황을 전문 소재로 사용했습니다. 모르핀에 취해 잠든 아버지가 꿈속에서는 즐거운 여행을 하고 있었으면 좋겠다는 마음에 탄생할 수 있었던 만화라고 합니다.

웹툰 강사 시절 많은 수강생의 원고를 보고 상담을 진행했습니다. 특히 기억에 남는 한 수강생이 있는데, 부모님이 횟집을 운영하고 있는 수강생이었습니다. 횟집을 소재로 이야기를 만들고 싶다면서 네이버 도전 만화에 이미 3화에서 4화 정도의 웹툰을 업로드한 상태였습니다.

웹툰의 완성도 자체는 발전이 필요한 상태였습니다. 처음에는 완성도가 정말 좋지 않았습니다. 하지만 횟집에 등장하는 음식의 일러스트는 정말 열심히 그린 것을 볼 수 있었습니다. 수강생이 가진 본래 실력을 뛰어넘는 품질의, 열정으로 그린 음식 일러스트였습니다.

기획이 정말 좋았습니다. 한국형 횟집에서 벌어지는 〈심야식당〉과 같은 느낌이면 좋은 이야기가 나올 것 같았습니다. 아니나 다를까 학원에서 부족한 그림과 프로그램 사용법 등을 익히는 한 달 남짓한 사이에 한 플랫폼이 계약하자는 연락을 보내왔습니다. 기획이 좋았던 이 이야기의 로그라인과 키워드는 다음과 같이 분석할 수 있습니다.

한국형 횟집, 심야식당

로그라인 한국형 횟집 심야식당

이런 경우에는 〈심야식당〉이라는 유명한 작품의 브랜드가 있기 때문에 더할 키워드로는 **한국형 횟집**이면 충분합니다. 이 유명한 작품은 이미 그 자체로 여러 키워드를 포함하고 있기 때문입니다.

비슷한 사례가 또 있습니다. 그림도 잘 그리고 연출력도 괜찮은 수강생이 있었습니다. 이 수강생은 혼자서 몇 번의 원고를 진행했지만 결과가 잘 나와주지 않아 수업에 찾아온 사람이었습니다.

이 수강생의 그림에서는 삭막한 디스토피아의 느낌을 받을 수 있었습니다. 동물에 관심이 많은 수강생이었기에 디스토피아 세계의 동물 분양소 이야기를 해보기로 했습니다. 삭막한 세상에서 분양소에 찾아오는 손님에게 가장 잘 어울리는 동물을 에피소드별로 하나씩 소개하며 이야기가 전개되는 형태였습니다. 결과는 성공적이었고 한 플랫폼에서 연재를 곧 시작할 수 있었습니다.

전문 소재는 다큐멘터리가 아니다

전문 소재는 접근이 쉽지 않다는 인식이 있습니다. 내가 알고 있는 소재를 작품으로 풀어낼 만큼 잘 알고 있는지도 모르고, 실수로 잘못된 정보를 제공할까 두렵기 때문입니다. 하지만 독자가 작가에게 원하는 이야기는 다큐멘터리가 아닙니다. 정확하고 깊은 수준의 전문 지식을 원하는 것이 아니라는 말입니다.

독자가 원하는 것은 그 전문 소재를 활용한 이야기의 재미입니다. 물론 어느 정도의 취재는 필요하고 공부 또한 부족함 없이 해야 합니다. 하지만 해당 분야에서 수십 년 종사한 전문가 수준까지는 알 수 없고, 알 필요도 없습니다. 내가 사용하고자 하는 소재가 알려진 바 정확한지, 그리고 이 소재를 활용해 이야기를 어떻게 풀 것인지에 집중하면 됩니다.

충분히 취재해서 정보를 찾고, 대중이 일반적으로 이해할 수 있을 정도로만 정확하면 충분해!

전문 소재를 사용했지만 이런 부담감 때문에 좋은 결과가 나오지 않았던 사례가 있습니다. **카페**와 **로맨스** 관련 키워드의 기획을 준비하는 수강생이 있었습니다. 이야기 속 카페가 외지고 허름한 곳에 있는 설정이었기에 **한국형 횟집**, **심야식당**과 마찬가지로 **심야 카페**와 같은 키워드의 기획이 가능할 것이라고 생각했습니다.

커피와 차에 대한 간단한 지식이 들어간 옴니버스형 로맨스 혹은 드라마를 기획해보자고 했지만, 이 수강생은 전문 지식에 대한 부담감을 많이 가지고 있었습니다. 결국 이야기에서 전문 지식을 빼는 방향으로 기획이 이어졌고 일반적인 로맨스 코미디 장르의 작품으로 진행되었습니다. 결과 또한 그다지 좋지 않았습니다. 어디에서나 볼 수 있는 이야기였기 때문이었습니다. 누구나 재미있게 볼 수 있는 이야기를 만들려면 누가 봐도 탄성이 나올 만큼의 완성도를 보여줘야 합니다. 모두를 위한 이야기는 그 누구를 위한 이야기도 되지 못한다는 말입니다.

전문 소재는 작품에 독특하고 희귀한 개성을 부여합니다. 일반적인 경쟁 작품보다 주목받기 쉽다는 것입니다. 내가 관심 있는 분야 혹은 공부하고 싶은 분야가 있다면 전문 소재를 활용한 이야기를 진행해보는 것도 작품을 기획하는 좋은 전략 중 하나입니다.

이번에는 위의 사례를 참고해 전문 소재의 키워드를 활용한 로그라인을 몇 가지 만들어봅시다. 혹시 아나요? 지금 당장은 아니더라도 언젠가 이 이야기를 사용할 날이 있을지도 모를 일입니다.

Mission

전문 소재의 키워드와 이를 활용한 이야기의 로그라인을 만들어봅시다.

: 특별히 떠오르는 것이 없다면, 내가 몸담고 있는 직장이나 단체의 이야기를 써보는 것도 좋은 방법입니다.

Story Key Point

1. 전문 소재를 사용하면 독창적인 이야기를 만들 수 있다.

전문 소재란 특정한 하나의 주제를 깊이 파고들 수 있는 소재로, 독창적이고 새로운 종류의 이야기를 손쉽게 만들어줄 수 있는 궁극의 키워드이다.

2. 전문 소재는 다큐멘터리만큼 어렵게 생각할 필요가 없다.

전문 소재를 사용할 때는 어느 정도의 기반 지식과 정확성은 필요하지만 이는 취재나 보통의 자료 수집 수준에서의 정보면 충분하다. 소재는 소재일뿐 전문적인 연구자의 지식까지는 필요하지 않다.

3. 전문 소재 역시 재미가 더 중요하다.

누가 봐도 재미있는 일반적인 이야기는 쉽게 만들 수 없다. 전문 소재를 통해 독창적이고 희귀한 개성과 재미를 보여줄 수 있다면 적어도 보통의 일반적인 이야기보다 주목받기 쉬우며 경쟁력을 갖출 수 있다.

4. 나와 관계 있는 분야부터 시작하는 것이 좋다.

직장, 학교, 소속 단체, 취미, 흥미 분야, 독특한 사건 경험 등 내가 좋아하거나 잘 아는 소재를 활용하는 방법으로 누구나 전문 소재를 사용한 이야기를 만들 수 있다.

CHAPTER

03

타깃을
알고 승부하기

콘텐츠 기획에서 가장 중요한 것은 단연코 타깃이라 할 수 있습니다. 타깃을 모른다는 것은 전장에서 총구를 어디로 겨냥할지 모르는 채 사격하는 것과 다르지 않습니다. 기획에서 타깃은 가장 중요하고 가장 까다로운 요소입니다. 이번 CHAPTER에서는 내 작품의 타깃을 찾는 방법에 대해 알아봅시다.

01 경쟁이 심한 분야 피해서 창작하기

블루 오션의 마니아를 저격하기

여러분은 지금까지 로그라인이라는 기획서의 가장 크고 높은 산을 넘었습니다. 이제 여러분은 기획서에 작성한 로그라인을 통해 누군가에게 내 이야기를 한마디로 표현할 수 있습니다. 지금 시점에서 로그라인의 완성도는 크게 중요하지 않습니다. 아이디어만 떠올릴 수 있다면 로그라인을 만드는 것은 별로 어려운 일이 아니기 때문입니다.

> **코칭 팁** 로그라인을 제대로 활용하려면 마음에 드는 로그라인이 이미 있더라도 시간이 날 때마다 틈틈이 반복해서 만드는 것이 좋습니다. 로그라인이 잘 떠오를 때는 하루에 대여섯 개도 쉽게 떠올릴 수 있지만, 단 하나의 로그라인조차 떠올릴 수 없을 때도 많습니다. 틈틈이 만들어둔 로그라인은 훗날 여러분의 창작 생활을 든든히 지켜줄 무기가 될 것입니다.

로그라인이 완성된 지금 가장 중요한 것은 무엇일까요? 바로 내 이야기를 읽을 타깃을 찾는 일입니다.

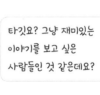

당신 이야기의 타깃은 누구인가요?

타깃요? 그냥 재미있는 이야기를 보고 싶은 사람들인 것 같은데요?

그러니까 그게 누구냐고 묻는 건데요?

네?

위의 대화는 작가 지망생과 웹 플랫폼 PD의 미팅 현장에서 실제로 많이 벌어지는 상황입니다. 대부분의 아마추어 작가들은 타깃에 대한 고민은 전혀 하지 않는 것이 일반적입니다. 타깃에 대한 고민이 없다면 작품은 상품이 될 수 없습니다. 누구를 위해 만들었는지 알 수 없는 상품을 어떻게 판매할 수 있을까요?

간단히 예를 들어봅시다. 흡입력을 포함해 성능이 정말 좋은 무선 청소기를 만들었는데 두 손을 다 써야 할 정도로 너무 무겁거나, 이웃이 초인종을 누를 정도로 엄청난 소음이 발생한다면 어떨까요? 이 성능 좋은 청소기는 가정에서 사용하기 힘들 것입니다. 가정 주부를 타깃으로 청소기를 만들었다면 타깃에 맞는 적당한 무게, 적당한 소음, 적당한 흡입력에 대한 연구와 시행착오가 필요합니다. 아무리 성능이 좋더라도 타깃에 대한 고민 없이는 본격적으로 판매할 수 없습니다.

이야기 콘텐츠도 마찬가지입니다. 웹툰을 예로 들어보겠습니다. 여러분은 열심히 그림을 그리고, 누구나 좋아할 판타지 액션 혹은 로맨스 장르의 무난한 작품을 완성했습니다. 하나의 작품을 완성하는 일은 정말 대단한 일입니다. 작품이란 것은 완성해서 공개되기 전까지 그 누구의 관심도 받지 못합니다. 혼자서 하나의 콘텐츠를 완성하기까지 얼마나 많은 시간을 보내야 했을까요? 박수를 보내고 싶습니다. 하지만 그 콘텐츠를 누구에게 팔 것인지 고민해본 적은 있나요?

물론 모든 콘텐츠가 명확한 타깃을 가지고 있지는 않습니다. 특히나 아마추어 작가들이 주로 만들기 쉬운 판타지, 액션이나 로맨스 등의 장르는 특정 타깃을 하나로 지칭하기 힘듭니다. 통계상 남성 독자는 대부분 판타지 액션을 선호합니다. 학원물도 마찬가지입니다. 반대로 로맨스 장르를 선호하는 독자의 성비는 대부분 여성이 높습니다. 그렇다고 타깃을 단순히 '남성' 또는 '여성'으로 지칭할 수는 없습니다.

타깃을 유리하게 정하는 방법은 다음 두 가지로 나눌 수 있습니다.

❶ 블루 오션인 분야의 타깃 잡기
❷ 레드 오션이 아닌 분야의 타깃 잡기

❶의 경우 적극적으로 타깃을 정하는 방법입니다. 추리 장르나 공포 장르처럼 명확한 마니아가 있는 장르를 노리는 것입니다. 전문 소재를 다루는 이야기 또한 명확한 마니아가 있는 블루 오션 분야입니다. 영역을 조금만 더 좁혀보자면 미스터리 장르, 퀴어 장르 같은 경우도 블루 오션 분야에 해당합니다. 남성끼리의 사랑을 그리는 BL 장르는 경쟁이 심한 분야이고 블루 오션이라고 말할 수도 없습니다. 하지만 모든 플랫폼에서 가장 큰 수입원에 해당하는 장르이기 때문에 많은 플랫폼이 BL 장르의 공급을 요구하며 진입 장벽도 낮습니다. 오직 작가로서 데뷔하는 것만을 목적으로 한다면 생각해볼 수도 있는 분야입니다.

❷의 경우는 소극적으로 타깃을 정하는 방법입니다. 판타지, 액션, 학원물, 로맨스 장르와 같은 대중적인 장르는 대표적인 레드 오션 분야에 해당합니다. 명확한 타깃을 한정할 수 없는 대중적인 장르는 수요가 많은 만큼 공급 경쟁이 치열합니다.

블루 오션 분야나 레드 오션 분야가 아닌 제3의 분야도 있습니다. 스릴러, 느와르, 드라마, 시대극, 재난물 등 대중성과 희소성을 모두 가진 장르가 이에 속합니다. 어느 정도의 경쟁도 있고 어느 정도의 공급과 수요도 있습니다. 이런 장르는 ❶의 조건을 충족하지는 못하지만 ❷의 조건을 충족합니다. 데뷔를 목적으로 하기에 그다지 나쁜 선택은 아니라는 겁니다. 반대로 SF나 메카닉, 밀리터리, 마법 소녀, 남성향 로맨스, 스포츠, 음악 등의 장르는 시장이 매우 협소합니다. 데뷔를 목적으로 할 때는 피하는 편이 좋습니다.

코칭 팁 시장은 시대나 시기에 따라 시시각각 변합니다. 특히 웹 플랫폼 분야의 시장은 유행의 교체 주기가 매우 빠릅니다. 스스로 시장을 잘 관찰하고 분석하는 것이 가장 좋습니다.

작가로서 많은 돈을 버는 것이 목표라면 많은 대중이 좋아하는 콘텐츠, 대중적인 장르는 반드시 도전해보아야 합니다. 하지만 대중적인 콘텐츠나 장르에 도전하는 것이 위험하다는 점도 알아야 합니다. 여러분은 이제 막 시장에 뛰어드는 스타트업과 같습니다. 시장에서 자리를 잡기 위해서는 경쟁이 치열하지 않은 제품이어야 좋을 것입니다. 경쟁 업체가 많거나 기술력을 요구하는 시장에 뛰어드는 일은 스타트업에게 좋은 전략이 아닙니다.

콘텐츠 시장에서 '국민 장르'라 불리는 영역은 베테랑 작가, 혹은 괴물 신인이라 불리는 작가들의 영역입니다. 현실적으로 생각해보고 경쟁자가 적은 블루 오션 분야부터 시작하는 것이 좋습니다. 내가 하고 싶은 이야기를 보여줄 기회는 나중에 얼마든지 만들 수 있습니다. 아마추어 작가라면 일단 데뷔부터 목표로 해야 합니다.

웹소설이라면 블루 오션을 피하자

앞서 46쪽의 작가노트에서 설명했듯이 웹소설은 블루 오션 분야의 시장이 없다고 해도 무방할 정도로 주류 장르가 편중되어 있습니다. 일부 메이저 플랫폼에서는 한때 장르 편중을 해결하기 위해 웹소설 장르의 다양화를 꾀한 적도 있었지만 조회수 수익의 문제로 포기한 역사가 있습니다.

웹소설의 독자는 뻔한 작품과 클리셰만 가득한 작품에 지겹다는 반응을 보입니다. 이는 독자들이 그만큼 정해진 클리셰, 공식대로의 작품들을 많이 보았다는 반증이기도 합니다. 실제 PV(Page View, 조회수)와 매출액이 이를 뒷받침합니다. 웹소설에서의 주류 장르라면 남성향의 판타지와 액션, 여성향의 로맨스입니다. 이 두 개의 장르 외에는 거의 모든 장르가 마이너 장르에 속합니다. 기본 원고료가 없는 웹소설 플랫폼 특성상 유료 결제를 보장하지 않는 블루 오션 분야의 장르는 피하는 것이 현 시점에서는 올바른 선택입니다.

Story Key Point

1. 내 이야기를 읽을 타깃을 찾아야 한다.

누구나 이야기 콘텐츠를 만들 수는 있지만 타깃에 대한 고민 없이는 만든 콘텐츠를 수익으로 연결시킬 수 없다.

2. 명확한 마니아가 있는 분야에서 타깃을 정한다.

추리 장르, 공포 장르 또는 전문 소재 등 명확한 마니아가 있는 장르로 타깃을 좁히면 작가로 데뷔할 수 있는 기회를 더 쉽게 얻을 수 있거나 콘텐츠를 팔 수 있는 확률이 높다.

3. 명확한 타깃이 없는 대중적인 장르는 피하는 것이 좋다.

판타지, 액션, 학원물, 로맨스 장르 등은 명확한 타깃이 없는 대중적인 장르로, 수요가 많은 만큼 공급 경쟁이 치열하다. 반드시 선택할 이유가 없다면 경쟁자가 많으니 피하는 것이 좋다.

4. 제3의 분야도 고려해볼 수 있다.

BL 분야는 모든 플랫폼에서 많은 수요가 있으므로 작가로 데뷔하는 것만을 목적으로 한다면 나쁘지 않은 선택이다. 스릴러나 느와르, 시대극, 재난물 등 역시 대중성과 희소성을 모두 가진 장르로 데뷔 목적으로 선택하기에는 나쁘지 않은 장르이다.

5. 웹소설이라면 블루 오션을 피하고 레드 오션에 뛰어들어야 한다.

웹소설은 잘 팔리는 주류 장르와 수요가 대중적인 장르에 편중되어 있다. 기본 원고료 없이 조회수당 원고료로 책정되는 시장이므로 조회수가 높은 메이저 장르를 목표로 하는 것이 오히려 좋은 방법이다.

문서 파일 _ 04_타깃장르선정.docx

타깃선정1	작품명	작품명 작성
	로그라인	로그라인 작성
	장르	장르 작성
	타깃	타깃 선정
	타깃 선정 이유	타깃 선정 이유 작성
	특징	타깃과 타깃이 가진 특징, 타깃과 관련된 작품의 특징 설명
타깃선정2	작품명	
	로그라인	
	장르	
	타깃	
	타깃 선정 이유	
	특징	
타깃선정3	작품명	
	로그라인	
	장르	
	타깃	
	타깃 선정 이유	
	특징	

앞서 배운 내용을 바탕으로 이야기의 타깃을 선정하고 그 이유를 작성해봅니다. 스스로 생각하는 본인 작품의 특성이 있다면 작성합니다.

02 퍼플 오션을 노리는 창작 방법

퍼플 오션의 핵심은 새로운 재미를 주는 것

간혹 액션이나 로맨스 말고는 하기 싫다는 작가를 만날 때도 있습니다. 장르는 절대 타협할 수 없다는 사람입니다. 이때는 레드 오션 분야의 피 터지는 퀄리티 경쟁밖에는 방법이 없는 것일까요?

그렇지 않습니다. 레드 오션 분야에서 블루 오션 분야의 장점만 활용한 퍼플 오션 분야가 이야기 콘텐츠에서도 존재하기 때문입니다. 이는 차별성과 안정성을 모두 갖추는 전략으로, 앞서 잠깐 알아보았던 만화 〈최종병기 그녀〉가 퍼플 오션 분야에 속하는 가장 좋은 예시입니다.

'사춘기 청소년의 로맨스'는 누가 뭐라고 해도 레드 오션 분야의 소재입니다. 반대로 SF와 전쟁물은 플랫폼이나 출판사들이 기피하는 장르입니다. 그러나 〈최종병기 그녀〉는 SF와 전쟁물의 소재에서 사춘기 청소년의 섬세한 사랑과 감정에만 집중했습니다. 레드 오션에서의 판매 장점을 가진 동시에 지금껏 보지 못한 블루 오션의 차별성도 가지고 있습니다. 〈시간을 달리는 소녀〉도 마찬가지의 예시입니다.

냉정한 킬러가 등장하는 느와르 장르에서 작은 소녀의 사랑에 초점을 맞춘 고전 명작 영화 〈레옹〉도 비슷한 느낌입니다. 판타지 액션의 경우 한때 이세계 장르가 퍼플 오션으로 떠올랐던 적이 있습니다. 판타지 세계관에서 그저 몬스터를 때려잡는 액션에 지쳐 있던 독자들에게 새로운 느낌을 줄 수 있었습니다.

판타지 세계의 몬스터를 식재료로 삼은 요리 만화, 전형적인 용사나 마법사가 아니라 잡몹[1]의 대명사인 슬라임, 거미가 주인공으로 등장하는 만화도 있었습니다. 물론 이세계 장르는 이미 한 번의 유행이 지나갔으므로 같은 방법으로 새로운 느낌을 줄 수는 없을 것입니다.

강의 현장에서는 판타지, 액션만을 추구하는 학생을 정말 많이 만날 수 있습니다. 레드 오션 분야의 이야기를 정면 승부를 통해 돌파한 사람도 있었고, 음모론 하나만으로 이야기를 이끌어가는 캐릭터를 주인공으로 삼아 퍼플 오션 분야의 이야기를 구축한 사람도 있었습니다. 물론 애매한 이야기로 데뷔에 도전했다가 떨어진 사람도 있었습니다. 이 이야기를 잠깐 해보겠습니다.

이 수강생은 판타지 세계관의 이야기를 정말 만들고 싶어 했지만 실력이 많이 부족한 상태였습니다. 그래서 이야기를 조금 비틀어 퍼플 오션 분야를 노려보기로 했습니다. 판타지 세계관의 이야기이되, 직업에서 특이함을 주기로 했습니다. 이 이야기에서 선택한 특이한 키워드는 **배달의 민족**이었습니다. 즉, 판타지 세계에서의 음식 배달부 이야기였습니다.

소재도 괜찮았고 이야기의 방향도 좋았지만 작가 스스로 이런 패턴의 이야기에서 매력을 찾지 못했습니다. 결국 이 이야기는 소재가 독창적이고 독특했을 뿐 재미에 초점을 맞추지 못한 이야기로 애매하게 완성되었습니다. 마음이 잘 통했던 수강생이라 지켜보는 내내 안타까운 마음이 들었지만 다시 그때로 돌아가더라도 결과는 달라지지 않을 것입니다.

---

1 잡스러운 몬스터를 줄인 말. 판타지 세계관에서 존재 의미 없이 주인공 성장의 발판이 되거나 스쳐 지나가는 수준의 괴물을 말한다.

유튜브 타깃 분석으로 감각 찾기

감이 잘 잡히지 않는다면 이야기가 아니라 유튜브 채널의 타깃을 한번 들여다봅시다. 블루 오션 분야의 채널과 레드 오션 분야의 채널이 있을 때 타깃은 어떻게 될까요? 브이로그, 먹방, ASMR, 개그 버라이어티 등의 채널은 쉽게 찾을 수 있는 레드 오션 분야에 속합니다. 반대로 블루 오션 분야에 속하는 채널이라면 스토리텔링, 전동 보드, 복싱 등 전문 분야 채널이겠죠.

대형 유튜버의 '브이로그'와 비교하면 유튜버 입문자의 영상은 영상미도, 편집 기술도, 음향 밸런스도, 연출도 모든 것이 부족할 것입니다. 특이하거나 특수한 일상을 보내는 사람이라면 브이로그 분야에서도 퍼플 오션 분야를 선점할 수 있겠지만, 대부분의 경우 잘 모르는 누군가의 평범하고 지루한 영상이 될 확률이 높습니다.

어느 정도 규모로 채널을 키우기 위해서는 명확한 타깃이 필요합니다. 저의 경우 웹툰 작가를 위한 스토리 작법 채널을 만든 후 각종 웹툰 작가 지망생들이 모이는 커뮤니티에 홍보했습니다. 명확한 타깃이 있는 곳에 필요한 콘텐츠를 홍보한 것입니다. 내 콘텐츠를 필요로 하는 사람이 누구인지 아는 것과 모르는 것의 차이는 엄청납니다.

여러분의 일상이 담긴 브이로그는 어느 커뮤니티에 홍보를 해야 할까요? 이런 콘텐츠는 어느 정도 궤도에 올라가기까지 얼마만큼의 마케팅 리소스가 들어갈지 모르는 일입니다. 어촌에 살고 있나요? 그렇다면 낚시 브이로그를 만들어 낚시 커뮤니티에 홍보하면 됩니다. 출퇴근을 전동 보드로 하고 있다면 매일의 일상을 편집해 전동 보드 커뮤니티에 업로드하면 되겠죠. 콘텐츠의 타깃은 내 상품을 구입해줄 고객을 파악하는 것과 동일합니다. 애매한 타깃을 가진 상품일 경우 엄청난 품질과 기능을 갖추지 않는다면 시장의 외면을 받을 확률이 큽니다.

▲ 스토리텔링 콘텐츠를 업로드하는 〈스토리텔링 우동이즘〉 채널

1. 블루 오션도 레드 오션도 아닌 퍼플 오션을 찾아라.

대중적인 장르에서도 독창적이고 차별적인 이야기는 나올 수 있다. 대중적인 이야기의 안정적인 흐름에서 인물의 감정, 특별한 사건 등 특정 부분에만 초점을 맞추고 이야기를 풀어나가는 것이다.

2. 새로운 느낌을 주어야 한다.

비슷한 클리셰가 여러 차례 등장한 이야기에서 클리셰의 일부분을 파괴하는 등 평범한 이야기를 비틀어 새로운 느낌을 주는 것이 중요하다. 키워드 조합의 변형 등이 이런 퍼플 오션 분야의 이야기를 만드는 좋은 방법이다.

3. 결국 재미있는 이야기가 필요하다.

소재가 독창적인 퍼플 오션 분야의 이야기일지라도 캐릭터나 사건에 매력이 없다거나 이야기 자체에 매력이 없다면 큰 의미가 없습니다. 이야기의 방향을 떠올렸다면 무엇보다 그걸 재미있게 풀어가는 것이 더 중요하다.

4. 명확한 타깃이 있는 곳에 이야기를 건네라.

내 콘텐츠를 필요로 하는 곳에 이야기를 건네야 한다. 소재가 독창적일지라도 이야기를 읽어줄 타깃이 없다면 의미가 없다.

CHAPTER

04

주제와 기획 의도
무기로 쓰기

웹 플랫폼의 독자는 작품의 주제나 작가의 기획 의도를 아는 일을 그다지 중요하게 생각하지 않습니다. 독자에게 중요한 것은 오로지 재미의 유무입니다. 그러나 분야를 막론하고 콘텐츠 기획서에는 언제나 주제와 기획 의도를 작성하는 공간이 마련되어 있습니다.

어쩌면 주제나 기획 의도는 독자를 위한 것이 아닐지도 모릅니다. 작가가 이 작품에 대해 얼마나 잘 파악하고 있는지 가늠하기 위한 척도로 사용되는 건 아닐까요? 이번 CHAPTER에서는 주제와 기획 의도를 어떻게 기획서의 무기로 사용할 수 있을지에 대해 다뤄보도록 하겠습니다.

01 주제 무시하고 창작하기

독자는 주제를 궁금해하지 않는다

작가 지망생을 만나다 보면 이런 이야기를 쉽게 들을 수 있습니다.

"저는 이 주제를 말하기 위해 작품을 만드는 겁니다!"

작가라면 누구나 작품의 주제를 전달하고 싶은 욕망을 가지고 있습니다. 하지만 주제를 보려고 웹 플랫폼의 이야기를 보는 사람은 없습니다. 저는 주제 중심으로 작품을 만들려는 작가 지망생이나 아마추어 작가에게 이렇게 말하고 싶습니다.

"주제 같은 거 신경 쓰지 말고 재미있는 이야기를 만드세요."

작가주의 작품으로 독립 출판을 노리는 것이 아니라면, 데뷔작은 재미있는 이야기를 만드는 데만 집중해야 합니다. 지하철의 출퇴근 길에서, 나른한 점심시간에, 화장실에 앉아서, 또는 잠들기 전 침대에 누워서 등 대중상업예술의 본질은 아주 잠깐 일상을 벗어날 수 있는 '킬링 타임용 콘텐츠'이기 때문입니다.

메시지와 주제에 집중해 독자의 성원을 받은 명작도 물론 있습니다. 예를 들어 최규석 작가의 웹툰 〈송곳〉은 작가주의 작품에 가깝습니다. 드라마로 유명한 윤태호 작가의 웹툰 〈미생〉 역시 특정 주제가 잘 드러나는 작품입니다. 이런 작품은 주제를 드러내면서도 재미를 놓치지 않는 검증된 베테랑 작가들이기 때문에 창작이 가능합니다.

콘텐츠 사업자의 입장에서 돈이 될 것 같은 이야기가 아님에도 투자를 하는 이유는 작가의 전작에서 검증된 판매 기대치가 있기 때문입니다. 무거운 주제를 다루면서도 재미를 놓치지 않을 것이라는 믿음도 있습니다. 아직 검증되지 않은 신인 작가에게 주제가 중요한 작품을 맡긴다는 것이 플랫폼의 입장에서 내키는 일은 아니겠죠.

작가 입장에서는 재미와 주제의 균형을 지키는 것이 중요하다고 생각할지도 모르겠습니다. 하지만 독자의 입장이 되어봅시다. 여러분은 이야기를 볼 때 주제가 궁금했던 적이 얼마나 있나요? 웹 플랫폼의 독자는 어떤 형태든 상관없이 이야기가 재미있기를 원합니다. 이야기가 재미없다면 아무리 좋은 주제의 작품이라도 관심을 끌기 어렵습니다. 세상에는 다른 볼거리가 너무나도 많습니다.

냉정하게 말해서 웹 플랫폼의 독자는 작가가 말하는 이상적인 주제에 관심이 없습니다. 각 플랫폼의 기획자, PD 또한 마찬가지입니다. 기획자, PD는 회사에 소속된 직장인이므로 팔려서 돈이 되는 이야기를 발굴해야 합니다. 돈이 되는 이야기는 독자가 원하는 이야기이고 독자가 원하는 이야기는 주제와 상관없이 재미있는 이야기입니다.

주제는 그럴싸한데….

물론 작가주의 작품을 좋아하는 순수 문학 계열의 심사위원이 공모전 심사에 참여한다면 주제가 중요할 수도 있겠습니다만, 대중상업예술의 공모전에서 그럴 일은 극히 드물 것입니다.

작가가 이야기를 제대로 완성한다면 주제는 그 과정에서 자연스럽게 표현됩니다. 억지로 주제를 넣어 표현하는 경우는 거의 없습니다. 게다가 모든 이야기에서 명확한 주제를 다 표현하는 것도 아닙니다.

평범한 좀비 장르의 이야기일 경우 주제는 무엇일까요? 좀비로부터 살아남기 위해 열심히 도망가는 것 외에 어떤 주제가 더 필요할까요? 로맨스 장르는 어떨까요? 대부분의 잘나가는 작품들을 살펴봐도 주제라 부를 수 있는 어떤 것이 생각나지 않습니다. 현실에서 이룰 수 없는 욕망을 대리 만족할 수 있도록 이야기를 만들면 됩니다. 이런 작품에서는 주제라 부를 만한 것을 찾아보기 어렵습니다.

메시지를 전달하기 위한 이야기를 싫어하는 작가도 있습니다. 기획서의 주제와 기획 의도를 이렇게 채운 작가도 있었습니다.

> "작은 소녀가 칼로 산을 무 썰듯 써는 것을 보고 싶어요."

이야기가 가진 재미에만 집중하고 있는 경우입니다. 주제와 재미 중 재미에만 집중하는 것은 절대 잘못된 일이 아닙니다. 아니, 조금 더 직설적으로 이렇게 표현하고 싶습니다.

당신의 작품이 대중상업예술에 해당한다면 주제는 일단 머릿속에서 지워봅시다!

이제부터는 주제에 크게 신경 쓰지 않겠다고 결단을 한번 내려보기 바랍니다.

Story Key Point

1. 독자는 주제보다 재미있는 이야기를 좋아한다.

대중상업예술의 본질은 잠시 일상을 벗어나게 해주는 '킬링 타임용 콘텐츠'이다. 무겁고 진지한 주제를 좋아하는 독자는 많지 않다.

2. 주제와 재미의 균형을 잡는 것은 아마추어의 영역이 아니다.

주제와 재미를 모두 잡는 베테랑 작가만큼 할 수 없다면 주제를 전달하고자 이야기의 재미를 뒷전에 두지 말아야 한다.

3. 이야기를 완성할 수 있다면 주제는 자연스럽게 표현된다.

이야기를 완성할 수 있다면, 그 안에서 주제는 자연스럽게 표현되기 마련이다. 억지로 주제를 강조하고자 이야기를 망쳐서는 안 된다. 현실의 욕망을 대리 만족거나, 킬링 타임이라는 본질에 충실해서 이야기를 만들어야 한다.

02

주제와 키워드 활용하여 창작하기

주제로 이야기 발상하기

주제를 신경 쓰지 않는다고 이야기에 주제가 없는 것은 아닙니다. 작가가 좋은 이야기를 만든다면 주제는 저절로 생길 수도 있습니다. 중요한 점은 이야기를 진행하는 중에도 언제든지 주제를 바꿀 수 있도록 가볍게 여겨도 된다는 것입니다.

주제는 심사위원이 작품을 판단할 수 있도록 기획서에 힘을 실어주는 요소로 활용하거나 이야기를 발상하는 요소로 활용할 수도 있습니다. 여기서는 이야기를 발상하는 용도로 주제를 활용해보겠습니다. 간단히 좀비 장르의 이야기를 예시로 들어보겠습니다.

좀비, 감염, 생존

주제 일상의 소중함

좀비 장르에서 일상의 소중함을 이야기하는 것은 뻔하고 단순합니다. 흥미롭지 않습니다. 이 주제를 바꿔서 전혀 다른 이야기를 발상해봅시다.

좀비, 감염, 생존

주제 가족의 소중함

주제에서 일상이라는 범위를 더 좁혀서 가족으로 바꿔보았습니다. 등장인물이 좀비로 변한 가족을 바라보는 인물이라면 어떨까요? 이 인물의 감정에 이입해보면 재난물의 플롯을 활용한 드라마를 떠올릴 수도 있을 것입니다. 스릴러가 아닌 가족 드라마로 바라본다면 어떤 분위기가 나올 수 있을까요?

지구 종말, 연인, 사랑

주제 영원한 사랑

'지구 종말을 앞둔 연인들의 로맨스'라는 이야기가 있습니다. 이 이야기에서 말할 수 있는 주제는 무엇일까요? 아마 '세상의 끝에서도 흔들리지 않는 사랑'이라는, 조금 진부한 것일 수밖에 없을 것입니다. 사랑의 범위를 좁혀서 조금 명확하게 말할 수 있도록 해봅시다. 키워드를 바꾸면 주제도 자연스레 다시 생각해볼 수 있습니다.

지구 종말, 딸, 사랑

주제 종말을 앞둔 부성애

영화 〈미드나이트 스카이〉는 지구 종말을 앞둔 남자의 이야기입니다. 모든 인류는 새로운 식민지 행성을 향해 우주로 떠난 상태입니다. 하지만 주인공은 지구에 혼자 남기로 합니다. 그의 딸이 우주에서 지구로 오고 있었기 때문입니다. 딸은 식민지 행성을 발견하는 임무를 성공적으로 마치고 지구로 복귀하고 있었습니다. 하지만 지구가 종말을 앞두고 있다는 사실을 모르는 상태입니다. 주인공은 이 사실을 딸에게 알려야 합니다. 이 이야기의 초점은 오직 딸을 사랑하는 남자의 부성애입니다.

지구 종말, 연인, 사랑

주제 진짜 사랑(위선)

주제를 '위선'으로 바꾸면 어떨까요? 지구 종말을 앞둔 세계에서 더 이상 사회적 시선을 신경 쓸 필요가 없어졌습니다. 평생 가족을 위해 희생했던 여자는 우연히 만난 첫사랑과 세상의 마지막을 보러 떠납니다. 지구의 종말을 위해 저 멀리 다가오는 소행성은 두 사람에게 절망으로 다가올까요, 아니면 삶의 마지막 행복을 찾게 한 축복으로 다가올까요?

지구 종말, 딸, 사랑

주제 법은 공정하지 않다(인벌)

'인벌'이라는 주제는 어떻게 사용할 수 있을까요? 주인공은 연쇄 살인범에게 딸을 잃은 여자입니다. 지구 종말이 며칠 남지 않은 상황에서 그녀는 복수를 꿈꿉니다. 지구 종말에 앞서 살인범을 살해할 계획을 세웁니다. 그를 가장 고통스럽게 죽일 방법을 연구합니다. 완전 범죄에 대한 계획은 필요 없습니다. 어차피 세상은 멸망할 것이니까요. 할 수 있는 모든 고통을 주며 살인범에게 시원한 복수를 끝낸 그녀에게 세계의 멸망은 어떤 의미로 다가올까요?

살인마, **희생자**, **스릴러**

`주제` 범죄의 해악

범죄 스릴러 장르에서 보여주는 일반적인 주제는 '범죄의 해악'입니다. 만약 이질적인 다른 주제를 넣어본다면 어떻게 될까요?

살인마, **희생자**, **스릴러**

`주제` 일그러진 사랑

영화 〈마더〉에서 엄마(김혜자)는 도준(원빈)의 살인 사실을 알고 있으면서 모른 체합니다. 오히려 아들의 살인 증거를 적극적으로 숨기는 등 비틀린 사랑을 보여줍니다.

내가 가장 사랑하는 사람이 살인자라면 어떤 감정이 들까요? 연인이나 친구, 가족 등 누구라도 상관없습니다. 고민이 깊어질수록 더욱더 좋은 이야기가 될 가능성이 큽니다.

Story Key Point

1. 주제로 이야기를 발상하거나 기획서를 보완할 수 있다.
   기획서는 웹 플랫폼의 PD나 공모전의 심사위원이 작품을 판단하는 척도이다. 기획서를 보완하는 용도로도 주제를 사용할 수 있다.

2. 주제를 통해 이야기를 발상할 수 있다.
   키워드 조합 이후 주제를 변형하는 방식으로 같은 키워드 내에서 다양한 이야기를 발상할 수 있다.

03 기획 의도로 기획서에 힘 싣기

주제와 기획 의도의 차이

만들고 싶은 이야기의 주제가 무엇인가요?

요즘 시대에 평범한 대학생이 아르바이트만으로 등록금이나 생활비를 충당하기에는 꽤 힘이 들죠.

돈을 벌기 위해 고생하는 대학생 이야기를 해보고 싶어요.

너무 진지한 주제 같은데, 재미가 있을까요?

학교 내의 여러 사건을 해결하는 탐정 아르바이트 이야기예요.

추리 소설을 좋아하는 독자들에게 어필할 수 있을 거예요.

이 이야기의 주제는 비싼 등록금으로 고통받는 청년들의 애환입니다. 그리고 기획 의도는 추리 마니아를 위한 교내 추리극 정도가 되겠네요. 기획 의도는 PD나 심사위원에게 이 이야기가 필요한 이유를 설명하는 공간입니다. 대중이 관심 있어 하는 주제일 경우 기획 의도에 힘이 실립니다. 타깃이 명확해 상품성이 있는 작품일 경우에도 기획 의도가 충분히 힘을 가집니다.

물론 주제나 타깃이 명확하지 않은 이야기도 있습니다.

무슨 의도를 가지고 이 이야기를 만들었나요?

그냥 재미있는 것을 만들려고 했어요.

엄청 화끈한 학원 액션 장르예요.

학원 액션 장르의 작품은 시장에 너무 많지 않나요?

그냥 봐서는 너무 뻔한 것처럼 보여요.

그래서 기존 것과 확실히 다른 것을 보여주려고 했어요.

다른 이야기에서는 보통 주인공이 전학 등으로 새로운 장소에 가면서 사건이 벌어지죠.

저는 반대로 전학을 가기 전에 모든 사건을 끝마치는 형태로 이야기를 구성했어요.

레드 오션 분야의 장르는 기획 의도에서 명확한 타깃이나 독특한 주제를 가지기 힘든 경우가 많습니다. 이때는 경쟁 작품과의 차이점에 집중하는 편이 좋습니다. 레드 오션 분야의 장르인데 기획 의도에서 명확한 차이점을 설명할 수 없다면 기획의 힘이 부족한 것입니다.

기획 의도는 주제보다 포괄적입니다. 작품에서 주제가 중요하다면 이 주제를 선택한 이유가 있어야 합니다. 작품에서 재미가 중요하다면 그 재미가 어떤 사람들을 위한 것인지를 명확히 해야 합니다. 소재나 로그라인, 주제, 기획 의도 모두 명확한 타깃을 가진 이야기는 블루 오션 분야의 이야기일 확률이 높습니다. 상품화하기 쉬운 이야기는 기획의 힘이 강한 이야기입니다.

CHAPTER

05

시놉시스로
작품을 조금 더 구체화하기

지금은 종영되었지만 TV 예능 프로그램인 〈냉장고를 부탁해〉의 요리 이름을 보며 늘 감탄하곤 했습니다. 예를 들어 '고기 밀라노'라는 요리는 이탈리아식으로 얇게 밀어 요리한 고기 요리입니다. 이탈리아의 도시 '밀라노'와 '밀다'라는 단어를 조합해 만든 재미있는 이름이었습니다.

이번 CHAPTER에서 다룰 내용은 '고기 밀라노'라는 이름에 흥미를 느끼는 손님에게 어떤 요리인지 조금 더 상세히 설명하는 단계와 같습니다. 바로 이야기 콘텐츠의 상세한 설명을 위한 단계인 '시놉시스'를 다룰 것입니다.

01 시놉시스 구성하기

시놉시스를 준비해야 한다

 이번에는 '성소수자의 결혼'과 관련된 이야기를
만들어보고 싶어요.

우리나라는 아직 관련 법이 없지 않나요?

우연히 만난 플랫폼 PD와의 대화에서 당신은 '성소수자'와 '결혼'이라는 소재의
이야기를 던져봅니다. 소재를 들은 담당자는 이야기에 조금 관심이 있어 보이
는 듯합니다. 당신은 로그라인을 이야기할 수 있는 기회를 얻게 됩니다.

 그렇죠. 그래서 오히려 의미가 있지 않을까요?

이 주제로 '두 명의 아빠를 둔 아들 이야기' 정도를
만들면 어떨까 생각하고 있어요 .

로그라인을 들은 담당자는 조금 더 관심을 가집니다. 이제 주제와 기획 의도를
말해야 합니다.

건드리기 쉽지 않은 주제 같아요.

생각해본 타깃이 있나요?

주제가 주제인 만큼 너무 상업적인 것도 지양하고, 너무 무겁고 진지하게 만들지 않으려 해요.

보통의 가족처럼 티격태격하기도 하고, 아들은 짝사랑하는 이성 친구 이야기를 하기도 하면서요.

사회적 주제를 다룬다고 해서 이야기가 꼭 무겁고 진지할 필요는 없잖아요?

그렇죠. 의도도 좋고 주제도 괜찮네요.

더 자세히 들어볼 수 있을까요?

이야기가 자연스럽게 흐르면서 기획 의도와 주제도 표현이 되었습니다. 하지만 담당자의 이야기를 더 들려 달라는 말에 당신은 말문이 막힐 확률이 큽니다. 실제로 이런 기회가 생긴다면 당신은 시놉시스를 설명할 수 있어야 합니다.

아… 그게 그러니까 저기… 아직 세부적인 이야기는 안 짜놨어요….

기획서는 담당자에게 내가 가진 이야기를 잘 설명하기 위한 도구입니다. 거의 모든 공모전의 기획서가 비슷한 순서와 형태로 되어 있는 이유는 그것이 이야기 이해에 가장 효율적이기 때문입니다. 그렇다면 기획서에서 시놉시스는 어떤 형태로 구성하는 것이 가장 좋을까요?

시놉시스로 주인공의 목표 보여주기

"목표를 가진 주인공이 있다. 그리고 그 목표는 이루기 아주 힘들지만 불가능하진 않다."

이야기 작법을 조금이라도 공부한 적이 있는 사람이라면 본 적 있는 문장일 것입니다. 목표가 사랑이라면 이야기는 드라마나 로맨스 장르, 생존이라면 스릴러나 미스터리, 공포 장르가 됩니다. 수수께끼를 푸는 것이 목표라면 추리극 혹은 미스터리 장르가 되겠죠.

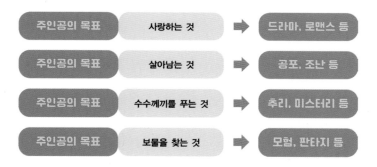

주인공의 목표는 이야기의 방향을 결정합니다. 그리고 주인공이 가진 약점은 이야기에 개성을 부여합니다. 시놉시스를 매력적으로 꾸미기 위해서는 주인공의 목표와 약점을 활용할 필요가 있습니다.

최근 웹 플랫폼 이야기의 트렌드는 목표를 쉽게 이뤄내는 속칭 사이다 전개입니다. 하지만 이런 전개 역시 기본적인 작법을 응용한 연출입니다. 예를 들어

일본 만화 〈원펀맨〉은 주인공의 목표가 호적수를 만나는 것입니다. 약점은 주인공의 압도적인 강함입니다. 일반적인 액션물의 기본 작법은 주인공이 가장 강한 사람이 되는 것인데, 이를 반대로 뒤집는 이야기로 응용한 것입니다.

이세계 장르에서도 먼치킨[1]으로 통용되는 사이다 전개가 이뤄집니다. 주인공은 이세계에서 가장 강한 인물이 되는 것이 목표이고 약점은 자신이 아주 약한 개체, 직업을 가지고 있는 것입니다. 예를 들면 검사, 전사, 마법사 같은 주인공이 아니라 슬라임, 거미, 오크 등이 주인공이 되는 것입니다. 이들의 목표는 세계에서 가장 강한 존재가 되는 것이고, 약점은 약하다고 알려진 몬스터라는 것입니다.

약점을 손쉽게 극복하고 아주 빠르게 성장하는 전개를 통해 보는 사람에게 대리 만족의 즐거움을 주는 것이 재미의 포인트입니다. 이런 종류의 이야기에서도 궁극적인 목표와 매력적인 약점이 존재한다는 것은 변하지 않는 공식과도 같습니다. 목표를 쉽게 이룰지 아니면 조금씩 힘들게 이룰지 차이가 있을 뿐 모든 이야기에는 목표를 가진 주인공이 있습니다.

---

1 작품 등장인물의 파워 밸런스를 파괴하는 수준으로 강해서 모든 것을 혼자 해결하는 캐릭터를 의미한다.

Story Key Point

1. 이야기의 요소가 모두 모였다면 시놉시스를 준비해야 한다.

로그라인, 기획 의도, 주제 등 새로운 이야기를 기획할 수 있는 요소가 모두 결정됐다면 이제 본격적으로 이야기를 설명할 수 있는 시놉시스가 필요하다.

2. 기획서의 시놉시스에서는 주인공의 목표를 보여주어야 한다.

주인공의 목표에 따라 이야기의 방향과 장르가 결정된다. 주인공의 목표는 이루기 힘들지만 불가능하지는 않아야 한다.

3. 주인공의 약점은 이야기에 개성을 부여한다.

약점은 시놉시스를 매력적으로 꾸미는 중요한 구성 요소이다. 약점을 손쉽게 극복해 독자에게 대리 만족을 시켜주거나, 약점을 통해 이야기를 전개하는 등으로 활용한다.

02 시놉시스를 더 매력적으로 꾸미기

내 시놉시스에서 빠진 것이 무엇일까?

선생님, 제가 이번에 구상한 이야기 들어주실래요?

들려주세요. 장르가 뭔가요?

판타지요! 백마법사와 흑마법사가 있는데 마법의 지팡이를 어둠의 동굴에 봉인해야 해요.

지팡이를 차지하려는 대륙 간의 전쟁 이야기예요. 한 대륙은 주로 흑마법을 쓰고, 다른 대륙은 백마법을 써요.

잠깐만요. 세계관 말고 주인공의 목표부터 말해보겠어요?

지팡이를 봉인하지 않으면 어떻게 되나요?

지팡이는 과거에 사라진 왕국의 유물인데요, 거기에 담긴 이야기를 설명하자면 좀 긴데… 시간 괜찮으세요?

(도망가고 싶다….)

아마추어 작가의 원고에는 주인공의 목표가 빠져 있는 경우가 많습니다. 게다가 어떤 이야기인지 물어보면 앞의 대화처럼 세계관만 나열합니다. 세계관 구축이 나쁘다는 이야기는 아닙니다. 세계관을 구축하며 즐거워하는 것도 창작의 동력이니까요. 하지만 세계관만 보려고 이야기를 찾는 사람은 없습니다.

세계관은 주인공이 목표를 이뤄가는 과정 속의 배경일 때만 힘을 가집니다. 제대로 이야기를 갖추기도 전에 디테일한 세계관부터 만드는 것은 오히려 이야기를 발상할 때 제약이 됩니다. 여러분에게 지금 만들어 놓은 세계관이 있거나 그 세계관으로부터 이야기를 시작하려고 한다면, 여러분이 가장 먼저 할 일은 한 가지입니다. 세계관을 버리는 일입니다. 이야기는 주인공의 목표부터 시작해야 합니다. 목표와 약점을 모두 갖춘 후 거기에 어울리는 세계관을 설정해야 합니다.

옥탑, 소녀, 복수, 저격수

로그라인 옥탑방 소녀 저격수의 복수 느와르

로그라인을 만드는 과정의 옥탑방 저격수 이야기를 다시 가져왔습니다. 주인공의 목표는 키워드와 로그라인에서 확인할 수 있듯이 복수입니다. 그렇다면 이 목표에 어울리는 약점은 무엇이 있을까요? 어떤 약점을 부여해야 이야기가 더 흥미진진하게 보일까요?

저는 약점을 설정할 때 ❶ [직업], ❷ [오감], ❸ [성별], ❹ [나이], ❺ [시대], ❻ [신분]의 키워드를 이용합니다. 목표의 약점이 될 수 있는 요소를 찾은 후 이 키워드를 이용해 약점을 좀 더 매력 있어 보이게 변형합니다. 우선 약점을 찾기 위해 목표를 조금 더 생각해봅시다.

저격은 복수를 위한 수단입니다. 이 수단에서 중요한 것은 무엇일까요? 바로 사격 실력입니다. 하지만 사격 실력이 약하다는 것은 그다지 큰 약점이 되지 않습니다. 연습을 통해 극복할 수 있는 것이기에 궁극적인 약점이 될 수 없습니다.

그렇다면 좋은 사격 실력을 갖추기 위해 필요한 요소에는 무엇이 있을까요? 총을 다루는 기술, 좋은 시력, 저격하기 좋은 위치를 선정하는 혜안, 방아쇠를 당길 때까지의 침착함, 평정 등 다양한 것이 있습니다. ❷ [오감] 중 하나에 해당하는 '시력'으로 약점을 만들면 흥미로울 것 같습니다.

주인공의 눈이 조금 안 좋은 정도는 어떨까요? 커다랗고 도수가 높은 동그란 안경을 쓴 캐릭터라면 개성 있고 매력적으로 보일 수도 있습니다. 하지만 궁극적으로 목표를 방해할 약점은 이보다 더 강력해야 합니다. 시간이 지날수록 점점 시력이 약해지는 '퇴행성 시각 장애'라면 어떨까요?

주인공에게는 복수할 수 있는 시간이 얼마 남지 않았습니다. 눈이 멀기 전에 복수에 성공해야만 합니다. 사격 실력을 충분히 갖추기 전에 계획을 강행할 것입니다. 계획의 성공은 힘들어 보이지만 불가능하지는 않습니다. 이야기의 원형을 갖추는 데 성공했습니다.

로그라인 조금씩 눈이 머는 병에 걸린 소녀 저격수. 눈이 완전히 멀기 전에 복수해야만 한다

이야기가 조금 더 선명하게 떠오릅니다. 시놉시스는 이를 조금 더 구체화하는 작업입니다. 한번 정리해보겠습니다.

예시 구체화하기
퇴행성 시각 장애, 소녀, 복수, 저격수

로그라인 눈이 멀어가는 소녀 저격수

장르 느와르, 복수극

타깃 30대 남성

주인공의 목표 원수를 저격하는 것

목표의 약점 눈이 점점 멀어가는 것

아버지의 원수를 갚기 위해 옥탑방에서 지나가는 사람들을 상대로 저격 연습을 하는 편의점 알바 소녀. 그녀의 유일한 취미는 아르바이트를 통해 번 돈으로 저격총의 부품을 사 모으는 일이다. 구하기 힘든 부품은 공업사에 찾아가 제작하거나 3D 프린터를 구입해 만들면서 조금씩 저격총을 완성한다. 최근 시야가 조금씩 흐려지는 것을 느끼다가 찾아간 병원에서 '퇴행성 시각 장애'라는 진단을 받는다. 눈이 완전히 멀기까지 걸리는 시간은 세 달. 소녀는 복수에 성공할 수 있을까?

대략적인 줄거리와 함께 이야기가 어떻게 시작될지 알려주는 시놉시스가 나왔습니다. 이 시놉시스를 보니 장편 이야기의 시놉시스는 아닌 듯합니다. 눈이 멀어가는 증상을 극복하고 복수하는 과정 자체에 특별한 사건이 개입될 여지가 부족하기 때문입니다. 3화 정도의 단편, 길어야 10화 내외의 중편 정도가 적당한 시놉시스입니다. 장편이 될 수 있는 시놉시스의 예시를 다른 이야기를 통해 알아보겠습니다.

장편 시놉시스 예시 알아보기

가족, 행복, 재혼+동성

로그라인 두 명의 아빠와 남중, 남고를 나온 공대생 아들

이 이야기에서는 주연급 캐릭터가 셋이나 등장합니다. 각 인물 간의 관계를 다루기만 해도 중편 이상의 회차가 필요할 것입니다. 이 설정에서 떠오르는 재미있는 사건들을 무작위로 생각해봅니다.

가장 먼저 아들의 짝사랑 문제가 떠오릅니다. 여자인 가족이 없는 데다 남중, 남고, 공대를 나온 아들은 여심에 대해 아는 게 전혀 없습니다. 두 아버지는 여심에 대해 고민한 적도 없는 사람들이라 전혀 도움이 되지 않습니다. 그렇기 때문에 오히려 더 재밌는 상황들이 떠오릅니다. 짝사랑하던 여자 동기가 친구와 함께 집으로 놀러 옵니다. 하지만 집에서는 두 명의 아빠가 축구를 보며 맥주를 마시고 있습니다. 아들은 여자 동기에게 두 명의 아빠를 어떻게 소개할까요? 그리고 그 관계 속에서 어떤 사건들이 생겨날까요? 이처럼 등장인물이 다양하다면 특별한 사건이 떠오르는 좋은 기획이 될 확률이 높습니다.

이 이야기에서 주인공인 아들의 목표는 여자 친구를 만드는 것입니다. 조금 더 궁극적인 목표로는 두 아빠와의 행복부터 모두의 행복이 될 수도 있겠지만 기획서에는 좀 더 명확하게 보이는 목표를 싣는 편이 유리합니다. 목표는 정해졌으니 약점을 찾아보도록 하겠습니다.

두 명의 아빠라는 것부터 '편견'이라는 약점이 작용할 수 있지만 이야기가 힘을 갖추려면 이보다 더 강한 약점이 필요합니다. 두 명의 아빠라는 사실이 여자 친구를 만드는 목표에 직접적인 영향을 주어야 합니다. 아주 어렵지만 불가능하지는 않은, 극복할 수 있는 약점으로 무엇이 좋을지 찾아야 합니다.

❶ [직업]과 ❻ [신분] 키워드에서 '로미오와 줄리엣'의 플롯이 떠올랐습니다. '결

코 만날 수 없는 금지된 사랑'이라는 유명한 플롯입니다. 종교의 이야기를 다뤄 봅시다. 보수적인 교파에서는 동성애를 금지하는 경우가 많습니다. 여자 동기의 부모가 보수적인 교파의 목사라면 이보다 더 좋은 약점이 있을까 싶을 정도로 흥미가 생깁니다. 종교와 관련된 문제는 조심스럽게 다뤄야 하고 실제 연재 시에는 논란이 될 수 있는 내용을 피해야 하지만 우선 이대로 진행해보겠습니다.

가족, 행복, 재혼+동성

로그라인 두 명의 아빠와 남중, 남고를 나온 공대생 아들

주인공의 목표 여자 친구를 만드는 것

목표의 약점 보수적 교파 목사의 딸

> 두 명의 아빠와 살고 있는 공대생 아들. 어느 날 두 아빠에게 짝사랑하는 여학생이 생겼다고 말한다.
> 그런데 그녀의 아버지가 아주 보수적인 교파의 목사라고 한다.

장편이지만 아주 짧은 시놉시스로 요약이 가능합니다. 짧지만 주인공의 목표와 약점이 모두 들어가 있습니다. '두 명의 아빠와 남중, 남고를 나온 공대생 아들'이라는 로그라인에 '짝사랑하는 여학생'이라는 목표와 '목사의 딸'이라는 약점을 추가했을 뿐인데 전체 이야기가 명확해졌습니다.

Story Key Point

1. **세계관보다 주인공의 목표, 그리고 목표를 방해하는 약점이 더 중요하다.**

   이야기는 주인공의 목표로부터 시작해야 한다. 목표와 약점을 모두 갖춘 후 거기에 어울리는 세계관을 설정해야 한다.

2. **약점은 목표를 충분히 방해할 수 있을 정도로 강력해야 한다.**

   이야기의 원형은 목표와 그 목표를 방해하는 약점으로부터 구성된다. 주인공의 목표를 방해하는 약점은 목표를 방해할 수 있을 정도로 강력해야 하며, 이 약점을 통해 주인공의 사고와 심리, 행동 절차, 사건을 대하는 태도 등 모든 것이 결정된다.

3. **특별한 사건이 벌어질 수 있는 상황이라면 장편 시놉시스가 될 수 있다.**

   인물이 많이 등장하거나 인물들 사이의 관계로부터 특별한 사건 또는 상황이 벌어진다면 장편 시놉시스의 기획일 가능성이 높다.

CHAPTER

06

작품의
뼈대 세우기

기획서의 마지막 단계는 트리트먼트를 작성하는 일입니다. 원래 트리트먼트의 목적은
작품의 매력적인 요소들을 순서에 구애받지 않고 설명하는 것이지만 최근에는 회차별
요약을 위해 사용하고 있습니다. 트리트먼트는 전체 줄거리를 한눈에 잘 이해할 수 있
도록 도와줍니다. 이는 기획서를 보는 사람뿐만 아니라 작가에게도 유용합니다.

01 뼈대를 세우는 데도 순서가 필요하다

구조를 알아야 트리트먼트가 보인다

트리트먼트는 기획서의 마지막 단계입니다. 트리트먼트는 웹툰에서 주로 회차별 요약이라고 알려져 있습니다. 10화별로 묶어서 내용을 요약하거나 큰 에피소드별로 묶어 요약하는 방식입니다. 하지만 실제 연재를 진행하는 웹툰 작가들 사이에서는 트리트먼트까지 살펴보는 PD가 드물다고 알려져 있습니다.

따라서 트리트먼트는 자기 작품에 대해 작가가 어느 정도까지 생각하고 있는 것인지를 확인하는 용도로 사용됩니다. 다만 경쟁력 있는 기획서를 만들고 싶다면 트리트먼트에도 힘을 쏟는 편이 좋습니다. 트리트먼트는 전체 내용이 어느 정도 정리된 상태여야 작성이 가능하니 앞선 내용을 충실히 따랐다면 만들 수 있을 것입니다. 경쟁력 있는 회차별 요약을 위해 이야기의 구조부터 살펴보도록 합시다.

이야기의 기본 구조 만들기

이야기는 일반적으로 2단계부터 12단계까지 구조화할 수 있습니다. 여기서는 먼저 1단계 구조부터 5단계 구조까지 이야기의 기본적인 구조를 만들어볼 것입니다. 이를 위해 일반적이고 평범한 이야기 하나를 예시로 들겠습니다. 복잡한 구성을 만들거나 기교를 부리려고 하지 말고 장편 이야기 구조의 기초를 다지기 위한 연습이라고 생각합니다.

기본 이야기 예시

아빠, 재혼, 초등학생

로그라인 죽은 친아빠를 잊지 못하는 초등학생과 새아빠

장르 드라마

타깃 전 연령

주인공(들)의 목표 가족의 행복

목표의 약점 새아빠

앞서 118쪽에서는 "목표를 가진 주인공이 있다. 그리고 그 목표는 이루기 아주 힘들지만 불가능하진 않다"고 설명했습니다. 이를 생각하며 위 예시 이야기를 1단계로 요약한다면 어떻게 될까요? 다음과 같이 간단히 요약할 수 있습니다.

행복한 가정을 꿈꾸는 초등학생의 이야기이다.

1단계

이번엔 2단계로 나눠 상하의 구조로 정리해보겠습니다.

상하 단계	
상	아빠가 세상을 떠나서 가족이 불행하다. 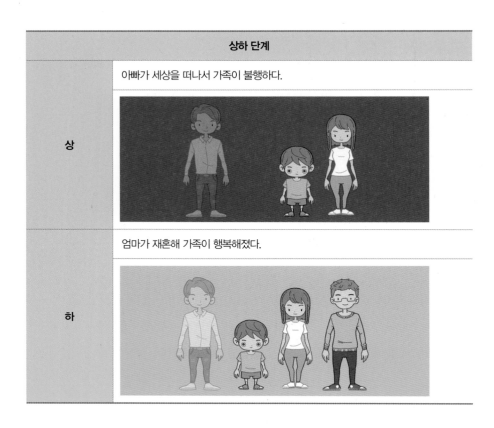
하	엄마가 재혼해 가족이 행복해졌다.

시작과 끝은 있는데 이야기라고 부르기에는 많이 허전합니다. 중간 단계를 하나 더 넣어보겠습니다.

상중하 단계	
상	아빠가 세상을 떠났다. 

중	힘이 필요한 집안일을 도와줄 가사 도우미를 고용했다. 
하	엄마가 가사 도우미와 결혼해 가족이 행복해졌다.

과정이 추가됐지만 여전히 부족해 보입니다. 뼈대만 있기 때문입니다. 이번에는 4단계를 살펴보겠습니다. 4단계는 흔히 알려진 기승전결의 구조를 따르는 단계입니다.

기승전결 단계	
기	아빠가 세상을 떠나서 가정이 제대로 작동하지 않는다. 

승	힘이 필요한 집안일을 도와줄 가사 도우미를 고용했다. 
전	엄마와 가사 도우미의 기류가 심상치 않고 아이는 그게 마음에 들지 않는다. 
결	하지만 엄마의 인생을 존중하며 행복으로 나아간다. 

드디어 이야기의 짜임새가 생겼습니다. 하나의 단계가 더 추가되었을 뿐인데 어째서 짜임새가 있는 것처럼 보일까요? 바로 기승전결의 [전]에 해당하는 '위기' 때문입니다. 목표를 가진 인물이 있고 이 목표는 이루기가 힘들어야 하는데 3단계까지는 힘든 과정이 없었습니다. 4단계에 이르러서야 목표의 약점이 드

러나기 시작합니다. 목표가 이야기의 조건이라면 약점은 이야기의 매력이라고 할 수 있습니다. 기승전결의 4단계 구조는 이야기의 탄탄한 뼈대를 이루는 가장 기본적인 구조라고 볼 수 있습니다. 여기서 단계를 하나 더 추가해 5단계 구조를 만들어보겠습니다. 5단계 구조는 5막 구조라고도 불립니다.

5막 구조	
발단	아빠가 세상을 떠났다. 
전개	힘이 필요한 집안일을 도와줄 가사 도우미를 고용했다.
위기	엄마와 가사 도우미의 기류가 심상치 않다.

절정	아이는 그게 마음에 들지 않았고 엄마가 죽은 아빠를 완전히 잊었다 생각한다. 
결말	남자는 좋은 사람이었고 엄마의 진심 또한 알게 되면서 가족은 행복으로 나아간다. 

이야기에 제대로 완결성이 생겼습니다. 위기를 두 단계로 나눠서 주인공의 감정을 더 세밀하게 들여다볼 수 있기 때문입니다. 드라마 장르이기 때문에 위기를 나눈 것이며, 장르에 따라 다른 상황을 두 단계로 나눌 수도 있고 사건이나 인물을 통해 나눌 수도 있습니다.

여기서는 무엇이 표면적인 위기이고 무엇이 궁극적인 위기인지 잘 살펴보아야 합니다. 엄마가 누군가를 새로 좋아하는 것은 표면적인 위기입니다. 궁극적인 위기는 엄마가 죽은 아빠를 잊어버리는 것이겠죠. 궁극적인 위기가 바로 절정입니다.

아이 입장에서의 목표, 이야기의 목표는 가족의 행복입니다. 엄마가 아빠를 완전히 잊어버리는 일은 가족의 행복과는 거리가 멉니다. 새아빠와 함께 산다고 해도 아이에겐 여전히 친아빠의 공백이 있으니까요. 엄마에게도 아이에게도 죽은 아빠는 여전히 소중한 존재여야 합니다. 이를 인정하고 포용하는 인물이어야 좋은 새아빠가 될 것입니다. 이처럼 절정에 다다르게 하기 위한 연출이 바로 위기입니다.

여기까지 진행했다 하더라도 이야기는 여전히 단순합니다. 뼈대에 어울리는 살을 더 붙여야 할 것이고 약점에 해당하는 위기에도 디테일의 보완이 필요합니다.

> **코칭 팁** 영화 〈매트릭스 1〉에서 '모피어스'는 구세주를 찾는 막중한 임무를 맡은 인물입니다. 극이 진행되며 모피어스는 적들에게 잡히고, 동료를 잃습니다. 구세주일지도 모르는 '네오'는 전투에서 패배하기까지 합니다. 이 일련의 사건은 위기이지 절정이 아닙니다. 절정은 네오가 구세주가 아닐지도 모른다는 것입니다. 즉, 작품에서의 궁극적인 목표가 있을 때 그 목표가 흔들리는 사건 등이 바로 절정입니다.

이야기의 구조 12단계로 나누기

단계를 더 많이 추가해서 12단계 구조로 나눠보도록 하겠습니다. 이야기의 12단계 구조는 '영웅의 여정 12단계 이론'으로도 불리며 크리스토퍼 보글러가 《신화, 영웅 그리고 시나리오 쓰기》에서 제안한 작법 이론입니다. 수없이 많은 만화나 영화, 시나리오 작법 등에서 사용하는 가장 대중적인 이야기 구조화 방식입니다. 먼저 다음의 도표를 참고합니다.

영웅의 여정 12단계	
일상 세계	주인공의 상태, 결함과 욕망, 작품의 테마 등을 암시한다.
모험의 기회	일상을 벗어날 기회를 맞이한다.
기회를 놓침	하지만 기회를 맞이할 준비가 되어 있지 않다.

관문의 열쇠	관문의 열쇠를 찾아 기회를 맞이할 조건이 충족된다. 열쇠는 사건일 수도, 인물일 수도 있다.
일상 탈출	이제 다시 일상으로 돌아갈 수 없게 된다.
행복한 한때	멘토와 만나고 목적을 향해 나아간다. 일반적으로 독자와 주인공 모두 가장 행복한 단계이다.
불길한 그림자	최종 보스와의 만남이다. 로맨스 장르를 예로 들면 헤어질 수밖에 없는 조건 등이 이에 해당하며 그림자와의 조우라고 표현하기도 한다.
커다란 시련	그림자에게 잡아먹히는 단계이다. 작품 내 가장 큰 시련에 해당한다.
각성	한 줄기 미약한 빛(희망 등)을 발견한다.
두 번째 시련	그림자와 정면으로 승부한다. 각성 단계에서 발견한 빛이 통하지 않는 죽음에 필적하는 고통을 맞이한다.
완전한 각성	완벽히 각성해 스스로 빛이 된다.
일상 복귀	영약(목표)을 가지고 일상으로 귀환한다. 일상으로 돌아왔지만 더 이상 주인공은 예전의 주인공이 아니게 된다.

앞서 만든 이야기를 12단계의 구조에 맞게 채워보겠습니다.

영웅의 여정 12단계	
일상 세계	평범한 가족의 일상. 아빠를 진심으로 사랑하는 아이가 있다. 

모험의 기회	하지만 어느 날 갑자기 아빠가 세상을 떠났다. 
기회를 놓침	엄마도 아이도 견딜 수 없이 슬프다. 
관문의 열쇠	엄마는 정신을 차린다. 이대로 있으면 아이에게도 좋지 않기 때문이다. 힘이 필요한 일을 처리하기 위해 가사 도우미를 부른다. 
일상 탈출	남자 가사 도우미의 도움으로 집은 다시 정리되고 다시 일상으로 나아갈 준비를 한다. 

행복한 한때	다정한 가사 도우미는 아이와 엄마 모두에게 친절하다. 아이는 남자 가사 도우미와 캐치볼을 하며 점점 친해진다. 
불길한 그림자	하지만 어느 날 엄마와 남자 가사 도우미의 기류가 심상치 않음을 느낀다. 두 사람이 손을 잡고 시장에 가는 광경을 목격하게 된다. 
커다란 시련	아이는 엄마가 죽은 아빠를 완전히 잊어버렸다고 생각한다. 남자 가사 도우미와 엄마를 미워하기 시작한다. 
각성	아빠가 세상을 떠난 후 엄마의 웃음을 처음 보았다는 것을 깨닫는다. 

두 번째 시련	아이는 아빠의 기일에 함께 요리를 하며 행복해 보이는 두 사람의 모습을 참을 수 없어 가출을 한다. 
완전한 각성	아이는 두 사람이 아빠가 생전에 좋아했던 음식으로 함께 아빠를 기리려했다는 것을 뒤늦게 알게 되고 두 사람의 진심을 이해하기로 한다. 
일상 복귀	아이의 마음속에서는 여전히 아빠가 1순위이지만, 엄마의 인생을 존중하며 행복하게 살아가기로 한다. 

Story Key Point

1. 이야기가 완결성을 갖추려면 최소한 5막 구조를 가져야 한다.

이야기를 구조화할 때 최소한 5막 구조를 만드는 것이 좋다. 절정을 통해 표면적 위기와 궁극적인 위기를 나누어 보여주면서 이야기의 완결성을 갖출 수 있다.

2. 12단계 구조는 가장 대중적인 이야기 구조화 방식이다.

12단계 구조는 영웅의 여정이라고도 불리는 이야기 구조화 방식이며, 크리스토퍼 보글러가 제안한 작법 이론이다.

❶ 일상 세계 : 주인공의 상태, 결함과 욕망, 작품의 테마 등을 암시한다.

❷ 모험의 기회 : 일상을 벗어날 기회를 맞이한다.

❸ 기회를 놓침 : 하지만 기회를 맞이할 준비가 되어 있지 않다.

❹ 관문의 열쇠 : 관문의 열쇠를 찾아 기회를 맞이할 조건이 충족된다. 열쇠는 사건일 수도, 인물일 수도 있다.

❺ 일상 탈출 : 이제 다시 일상으로 돌아갈 수 없게 된다.

❻ 행복한 한때 : 멘토와 만나고 목적을 향해 나아간다. 일반적으로 독자와 주인공 모두가 가장 행복한 단계이다.

❼ 불길한 그림자 : 최종 보스와의 만남이다. 로맨스 장르를 예로 들면 헤어질 수밖에 없는 조건 등이 이에 해당 하며 그림자와의 조우라고 표현하기도 한다.

❽ 커다란 시련 : 그림자에게 잡아먹히는 단계이다. 작품 내 가장 큰 시련에 해당한다.

❾ 각성 : 한 줄기 미약한 빛(희망 등)을 발견한다.

❿ 두 번째 시련 : 그림자와 정면으로 승부한다. 각성 단계에서 발견한 빛이 통하지 않는다. 죽음에 필적하는 고통을 맞이한다.

⓫ 완전한 각성 : 완벽히 각성해 스스로 빛이 된다.

⓬ 일상 복귀 : 영약(목표)를 가지고 일상으로 귀환한다. 일상으로 돌아왔지만 더 이상 주인공은 예전의 주인공이 아니게 된다.

문서 파일 _ 05_12단계이야기구조.docx

영웅의 여정 12단계	
일상 세계	
모험의 기회	
기회를 놓침	
관문의 열쇠	
일상 탈출	
행복한 한때	
불길한 그림자	

커다란 시련	
각성	
두 번째 시련	
완전한 각성	
일상 복귀	

각 칸에 내용을 추가해 이야기의 큰 틀을 완성해보세요. 각 단계별로 조금 더
구체적으로 작성하되 너무 과하게 세부적인 내용을 채우지 않도록 합니다. 분
량 제한은 없으며 연출 등의 방법도 함께 고민해보세요.

작가의 원고 훔쳐보기

조금 더 현장감 있는 설명을 위해 연재했던 웹툰 〈단톡〉의 진행 과정으로 이야기의 구조를 살펴보겠습니다. 이 웹툰은 2016년 경기 콘텐츠 진흥원의 연재 만화 제작 지원사업의 도움을 받고 비독점으로 여러 곳의 플랫폼에서 동시에 연재했던 작품입니다. 개인적으로는 창피하고 감추고 싶은 마음이 크지만, 기획서 단계에서 가능성을 인정받아 투자까지 받은 작품이므로 여러분이 기획서를 쓰는 데 도움이 될 것이라 생각합니다.

웹툰 〈단톡〉

스릴러, 배틀로얄, 카카오톡

로그라인 스팸 카톡으로 진행되는 한국형 배틀로얄

장르 스릴러

타깃 30대 남성

주인공(들)의 목표 게임에서 최종 승리자가 되어 살아남기

목표의 약점 내부의 적

데뷔작이 끝나고 작업실에서 쪽잠을 자면서 차기작을 고민하던 중 카카오톡의 스팸 메시지를 보고 소재를 떠올렸습니다. 이때는 카카오톡을 활용한 스릴러로 진행하겠다는 러프한 기획만 있고 디테일한 기획은 전혀 없던 상태였습니다.

작.가.노.트.

이 기획을 이야기로 발전시키기 위해서는 작품의 목표, 즉 이야기의 뼈대를 세워야 했습니다. 따라서 먼저 목표와 약점을 만들어보았습니다.

1단계	단톡방에서 벌어지는 살인 게임. 주인공 셋이 팀을 만들었다. 하지만 이 게임에선 단 한 명만 살아남을 수 있다.

처음에는 작품의 궁극적 목표를 '게임에서 승리하고 혼자 살아남는 것'으로 생각했습니다. 배틀로얄 장르의 이야기는 대부분 그렇게 끝이 나기 때문입니다.

하지만 주인공이 혼자 살아남는 방향으로는 12단계 이야기 구조의 몇 칸을 채울 수 없었습니다. 동료를 최종 장에서 죽일 수 있는 인물이라면 이야기의 초반부터 정상적인 범주의 캐릭터가 아니어야 했습니다. 감정을 이입하기 어려운 캐릭터로는 이야기를 길게 끌어갈 수 없다고 판단했지만, 그렇다고 정상적인 인물로 캐릭터를 만들어서는 최종장에서 동료를 죽일 수가 없었습니다. 동료를 죽이려면 주인공이 정상적인 인물이 아니어야 하고, 죽이지 않으려면 이야기가 산으로 가는 진퇴양난의 상황이었습니다.

결국 두 가지 이중적인 모습을 모두 갖춘 인물이어야 했습니다. 영화 〈파이트 클럽〉처럼 이중 인격을 가진 인물이지만, 이야기의 중반까지 독자가 주인공을 두 사람이라고 생각할 수 있도록 연출하기로 결정했습니다. 고민 끝에 목표도 수정했습니다.

주인공(들)의 목표 세 명의 주인공(실제로는 두 명) 모두 살아남기

목표의 약점 단 한 명만 살아남을 수 있는 게임의 룰(내부의 적)

'게임에서 승리해 최종 승자가 되는 것'이 아닌 '팀을 이룬 셋(실제로는 둘) 모두가 살아남는 것'으로 이야기의 목표를 수정하자 약점도 구체적으로 정할 수 있었습니다. 세 명의 주인공 모두를 살리는 방향으로 이야기의 뼈대부터 다시 한번 명확하게 세우기로 하면서 이야기를 2단계부터 12단계 구조까지 단계별로 점검했습니다.

큰 틀을 잡을 때는 디테일한 부분에 신경 쓰지 않아도 괜찮습니다. 오히려 이야기의 큰 틀을 점검할 때는 세부적인 부분은 완전히 무시하는 편이 좋습니다. 먼저 2단계 구조를 만들었습니다.

상하 단계	
상	단 한 명만 살아남을 수 있는 단톡방 배틀로얄에 초대되었다.
하	고난을 극복하고 모두가 살아남았다.

머릿속에 이야기가 구체화되어 있는 상태라도 낮은 단계를 통해 큰 관점에서 단순화한 후 들여다볼 필요가 있습니다. 특히 장편일 경우에는 내용을 채우는 것보다 군더더기를 버리는 것이 더 중요합니다. 무엇을 버릴지 고민될 때는 단순화한 이야기가 이정표가 되어줄 것입니다.

상중하 단계	
상	단 한 명만 살아남을 수 있는 스팸 단톡방 배틀로얄에 초대되었다.
중	주인공 셋은 생존을 위해 마지막 셋만 남을 때까지 힘을 합치기로 한다.
하	고난을 극복하고 모두가 살아남았다.

작.가.노.트.

3단계 구조에서도 이야기의 세부적인 부분은 신경 쓸 필요가 없습니다. 같은 내용을 어디에서 나눌지, 나눈 부분이 이야기의 중간 또는 처음이나 끝에 어울릴지를 가늠해봅니다.

기승전결 단계	
기	단 한 명만 살아남을 수 있는 단톡방 배틀로얄에 초대되었다.
승	주인공 셋은 생존을 위해 마지막 셋만 남을 때까지 힘을 합치기로 한다.
전	그러나 생존할 수 있는 사람은 단 한 명뿐이다.
결	고난을 극복하고 모두가 살아남았다.

4단계에서는 3단계에서 보이지 않던 약점이 드러납니다. 하지만 약점에 대한 세부 표현과 고난을 어떻게 극복할지에 대해서는 여전히 모르는 상태입니다.

5막 구조	
발단	단 한 명만 살아남을 수 있는 단톡방 배틀로얄에 초대되었다.
전개	주인공 셋은 생존을 위해 마지막 셋만 남을 때까지 힘을 합치기로 한다.
위기	다른 강한 참가자가 너무 많다.
절정	게다가 내부에 적이 있다.
결말	고난을 극복하고 모두가 살아남았다.

5단계에서는 위기에 집중할 수 있습니다. 주로 표면적인 위기에 해당하는 위기 단계와 궁극적인 위기에 해당하는 절정 단계를 정하는 데 집중합니다.

영웅의 여정 12단계	
일상 세계	주인공의 상태, 결함과 욕망, 작품의 테마 등을 암시한다.
	빚에 허덕이는 주인공 승재와 화영. 돈이 필요한 우성.(우성은 승재의 다른 인격이다.)
모험의 기회	일상을 벗어날 기회를 맞이한다.
	매칭된 상대방을 죽이면 그때마다 1억 원을 준다는 단톡방에 초대된다. 그리고 그 단톡방은 최종 1인이 남을 때까지 진행된다고 한다.
기회를 놓침	하지만 기회를 맞이할 준비가 되어 있지 않다.
	승재는 스팸 카톡이라고 생각하고 무시한다.(하지만 단톡방을 나갔어야 했다.)
관문의 열쇠	관문의 열쇠를 찾아 기회를 맞이할 조건이 충족된다. 열쇠는 사건일 수도, 인물일 수도 있다.
	초대된 200명 중 100명이 나가고 100명이 남은 시점에 게임이 강제로 시작된다. 단톡방의 글을 보지 못했거나 단톡방을 나가지 않은 사람들을 대상으로 게임이 시작된다.
일상 탈출	이제 다시 일상으로 돌아갈 수 없게 된다.
	상대방이 나를 죽이려 한다면 내가 살기 위해 상대를 죽여야 한다. 이 단톡방은 돈이 아주 급한 사람들 위주로 초청된 방이다. 누군가 상대를 죽였더니 1억 원이 입금되었다는 말에 단톡방이 술렁이기 시작한다. 승재는 상대를 죽일 수 없다 생각하지만 자신을 죽이러 온 아저씨로 인해 위기를 겪는다. 이때 우성이 나타나 위기 상황의 승재를 구한다.(승재와 우성이 같은 인물이지만 다른 인격이라는 것을 복선으로 풀어야 하므로 연출에 신경 쓸 것)

작.가.노.트.

행복한 한때	멘토와 만나고 목적을 향해 나아간다. 일반적으로 독자와 주인공 모두 가장 행복한 단계이다.
	주인공을 구한 우성과 승재는 팀이 된다.(독자들의 눈에는 둘로 보이지만 작품 내 다른 인물들의 눈에는 한 명으로 보인다. 복선 깔기) 둘은 단톡방의 인물들을 살피다가 승재가 짝사랑하던 화영을 발견하고 그녀에게 접근해 팀원으로 맞이한다. 셋은 승승장구한다. 우승 후보라 불릴 만큼 강한 상대도 기발한 방식으로 이겨낸다.
불길한 그림자	최종 보스와의 만남이다. 로맨스 장르를 예로 들면 헤어질 수밖에 없는 조건 등이 이에 해당하며 그림자와의 조우라고 표현하기도 한다.
	승재에게는 게임 내내 풀리지 않는 의문이 있다. 화영과 단 둘이 이야기한 것을 우성도 알고 있거나, 화영이 가끔 너무 무서운 얼굴로 나를 쳐다보는 것 등이다.(모두가 살아남기 위해서 반드시 극복해야 할 문제)
커다란 시련	그림자에게 잡아먹히는 단계이다. 작품 내 가장 큰 시련에 해당한다.
	마지막 세 명이 남은 상태. 서로를 죽여야 하는 상황. 승재는 결승인데 세 명이 남은 것이 이상하다고 생각하지만 우성으로부터 살아남는 게 급선무다.
각성	한 줄기 미약한 빛(희망 등)을 발견한다.
	승재는 우성도 화영도 죽일 수 없지만 자신을 죽이려는 우성으로부터 살아남고자 우성과 정면 대결을 펼친다.
두 번째 시련	그림자와 정면으로 승부한다. 각성 단계에서 발견한 빛이 통하지 않는다. 죽음에 필적하는 고통을 맞이한다.
	승재는 두뇌 플레이로 우성을 위기로 몰아넣지만 결국 죽음을 맞이한다. 그런데 죽어가는 승재의 눈에 우성의 얼굴이 자신의 얼굴로 보인다.(이 부분에서 이중 인격의 복선을 설명하는 에피소드 제시)

완전한 각성	완벽히 각성해 스스로 빛이 된다.
	승재는 우성이 자신의 또 다른 인격이었다는 것을 깨달으며 사라진다. 우성은 화영을 좋아하는 승재의 인격이었기에 화영을 죽일 수 없다. 우성은 살인 게임을 주최한 운영자를 찾아 죽이는 데 성공한다.
일상 복귀	영약(목표)을 가지고 일상으로 귀환한다. 일상으로 돌아왔지만 더 이상 주인공은 예전의 주인공이 아니게 된다.
	최종 생존자가 된 화영은 우승 상금으로 호화로운 삶을 산다. 하지만 어디선가 또다시 게임을 알리는 단톡 알림이 울린다.(우성이 새로운 게임의 주최자가 된다.)

마지막에는 이처럼 12단계로 이야기를 구체화한 후 연재를 시작했습니다. 연재 도중에 세부적인 부분을 수정하기도 하고, 생각지도 못했던 변수로 이야기 전개가 막힐 때도 있었지만 구조화한 내용에서 벗어나지 않고 무사히 연재를 마무리할 수 있었습니다.

02 이야기 구조를 만들 때 주의할 점

어설픈 상태에서 빈칸을 채우지 말자

12단계의 이야기를 구성하며 주의해야 할 점이 있습니다. 이야기를 단계별로 구성할 때 미리 정한 목표를 잊어서는 안 된다는 점입니다. 처음의 목표와 크게 관계없는 인물이 등장하거나 새로운 목표를 가진 인물이 등장해 이야기를 이끈다면 이야기가 방향을 잃어버립니다. 중요한 인물을 등장시킬 때는 작품의 전체적인 목표와 방향에 영향을 주는 인물인지 생각해야 합니다.

애매하거나 확신이 생기지 않는다면 전체 구조가 완성되지 않더라도 내용을 비워두어야 합니다. 억지로 내용을 채우는 일은 12단계 구조로 이야기를 구성할 때 흔하게 하는 실수 중 하나입니다. 보통 시간이 지나면 해결됩니다. 해결될 때까지 비슷한 장르의 이야기를 소비하거나 분석하는 등 새로운 정보를 머릿속에 넣습니다. 혹은 목표를 조금 더 궁극적으로 또는 포괄적으로 수정하면 풀리는 경우도 있습니다. 억지로 무언가를 채우려 하다가는 오히려 이야기의 방향을 잃기 쉽습니다.

> **코칭 팁** 미켈란젤로는 조각상을 만들 때 가장 필요한 것은 "불필요한 것을 덜어내는 것"이라고 했습니다. 이야기도 마찬가지입니다. 명확한 소재와 주제가 있다면 이야기는 이미 완성되어 있을 것입니다. 그 형태가 잘 보이지 않는다면 억지로 채우고 짜맞추려 하지 말고 머릿속을 정리하고 새로운 정보를 획득하는 데 집중하세요.

Story Key Point

1. 기획을 이야기로 발전시키기 위해서는 먼저 이야기의 뼈대를 세워야 한다.

목표와 약점을 만들고, 12단계 구조를 따라 생각나는 대로 이야기를 채워간다.

2. 구조화한 내용에서 벗어나지 않도록 해야 한다.

미리 정한 목표를 벗어나거나 잊는 경우 또는 처음 목표와 크게 상관없는 인물이 등장하거나 새로운 목표를 가진 인물이 등장해 이야기를 이끄는 경우에는 이야기가 처음의 방향을 잃어버린다. 목표와 방향을 잊지 말고 기본 구조에서 벗어나지 않는 것이 좋다.

3. 빈칸을 억지로 채우기 위해 이야기를 억지로 만들지 말아야 한다.

이야기를 억지로 채우기보다 시간을 두고 해결하도록 한다. 다른 작품을 소비하고 분석하면서 영감이 번뜩일 때까지 기다리는 것이 좋다.

명작 영화의 이야기 구조화하기

악기를 배운 적이 있나요? 저는 기타를 배웠습니다. 취미로 밴드 활동도 조금 했습니다. 밴드 활동을 하며 가장 많이 한 일은 인기 있는 곡의 코드를 카피하는 일이었습니다. 코드를 카피하며 곡의 패턴을 분석하고 이를 토대로 작곡을 했습니다.

대중적이고 잘 팔리는 이야기도 크게 다르지 않습니다. 저는 현장에서 강의할 때 명작 영화를 12단계로 분석하도록 제안합니다. 명작의 구조를 들여다보면서 내 이야기에 대입할 방법을 찾아보는 것입니다. 이 과정을 통해 좋은 이야기의 구조가 무엇인지 감을 잡을 수 있습니다. 영화의 이야기를 구조화하는 연습은 좋은 이야기를 만들기 위한 가장 좋은 연습 방법입니다.

가끔 더 친숙한 웹툰이나 애니메이션 혹은 TV 드라마가 아닌 영화로만 분석해야 하냐고 묻는 수강생도 있습니다. 영화의 이야기를 분석하는 이유는 단순합니다. 이야기 구조 분석만을 위해서는 영화가 가장 효율적이기 때문입니다.

웹툰이나 애니메이션, TV 드라마 등은 몇십 편 혹은 몇백 편에 해당하는 긴 호흡의 이야기입니다. 처음부터 끝까지 보는 데 많은 시간이 소요됩니다. 하지만 영화를 보는 데는 보통 두 시간 남짓이면 충분합니다. 두 시간의 영상 안에 이야기의 시작과 중간, 끝이 모두 담겨 있습니다. 특히 짧은 시간 안에 이야기를 밀도 높게 구성하는 영화의 특성상 각 구조의 경계가 선명하게 보이기도 합니다. 이야기 사이의 맥락과 구조의 경계를 파악하기 쉽기 때문에 초보자에게도, 아직 갈피를 못 잡는 아마추어 작가에게도 가장 효과적이라는 것입니다.

또 이미 완성된 이야기를 분석하는 행위는 자기의 이야기를 객관화하는 데도 도움이 됩니다. 명작의 이야기는 반드시 훌륭한 구조를 갖추고 있습니다. 이야기를 구성할 때 내 이야기가 부족한 것인지 혹은 내가 이야기를 구조적으로 바라보는 눈이 부족한 것인지 완성된 이야기를 통해 판단할 수 있습니다.

명작의 이야기를 구조적으로 펼쳐보지 못한다는 말은 나에게 이야기를 구조적으로 보는 힘이 부족하다는 말과 같습니다. 이런 경우라면 아무리 훌륭한 이야기를 떠올렸다 하더라도 이야기를 제대로 정리하고 완성하지 못할 것입니다. 다시 말해 이미 만들어진 이야기를 풀어서 정리하는 것도 못 하는데, 아이디어만 있는 이야기를 잘 펼쳐내는 일은 불가능하다는 것입니다. 꼭 영화가 아니어도 좋으니 이야기를 구조화하는 연습을 꾸준히 시도해보세요.

PART

02

실전 기획서
만들기

지금까지의 내용은 이번 PART를 위한 것이라고도 할 수 있습니다. 그동안 만든 이야기와 아이디어를 정리해보고 작가 지원사업, 웹 플랫폼 투고, 도전 플랫폼 연재, 작품 완성을 위한 내용 정리 등 여러 곳에 활용하기 충분한 완성도 높은 기획서를 만들어봅니다.

CHAPTER

01

작품
기획서 제작하기

잘 만든 기획서는 작품의 부족한 점을 보완하는 좋은 무기입니다. 그러나 때로는 잘 못 쓴 기획서 때문에 잘 만든 작품마저 빛을 잃는 경우도 있습니다.

잘 만든 기획서에는 이야기가 담고 있는 재미의 종류와 주제, 작가의 기획 의도 등이 정리되어 있습니다. 또 기획서를 읽는 사람의 입장에서 이해하기 쉽도록 구성되어 있습니다.

지금까지의 내용을 잘 따라왔다면 여러분은 메인 키워드를 통해 로그라인을 구성했고, 이를 바탕으로 이야기의 뼈대를 세울 준비가 되었습니다. 이제 남은 것은 기획서를 정리하고 그럴듯하게 포장하는 일입니다.

01 로그라인과 기본 이야기 구성하기

단계별로 이야기를 구성하기

앞선 PART에서 이야기를 발상하면서 아주 단순한 형태의 이야기를 만들어보았다면, 이번에는 내 이야기의 로그라인을 기획서에 직접 적용해볼 차례입니다.

가족, 행복, 재혼(동성)

로그라인 남중, 남고, 공대를 나오고 두 명의 아빠와 살고 있는 내게 어느 날 짝사랑하는 여자가 생겼다.

앞서 124쪽의 기획을 활용한 로그라인과 키워드입니다. 지금부터 이를 바탕으로 실제 작품의 연재 준비 과정을 가정하고 단계별로 이야기를 구성해보겠습니다.

장르 정하기

로그라인만 보면 이 이야기의 장르는 드라마가 잘 어울립니다. 메인 장르는 드라마로 두고 SF 장르의 장치를 추가하거나, 판타지 장르의 세계관을 덧입히거나 하는 식의 복합 장르도 물론 가능합니다.

> **코칭 팁** 메인 장르를 반드시 드라마로 정할 필요는 없습니다. 더 어울릴 수 있는 다른 장르도 있으니 여러 가능성을 염두에 두고 생각해보세요.

타깃 정하기

통계에 따르면 소설, 문화 분야와 더불어 웹 플랫폼의 이야기 시장에서 퀴어와 관련된 키워드는 주로 20대부터 30대 여성이 가장 많이 소비합니다. 이처럼 통계 자료도 타깃을 정하는 데 도움을 주므로 자주 조사하고 살펴볼 필요가 있습니다. 물론 검증된 기관의 통계여야 합니다.

저는 이야기에서 로맨스 장르의 플롯을 주로 사용할 것이므로 로맨스 장르의 주 고객인 20~30대 여성을 타깃으로 삼겠습니다.

작 품 소 개	작품명	미정
	로그라인	남중, 남고, 공대를 나오고 두 명의 아빠와 살고 있는 내게 어느 날 짝사랑하는 여자가 생겼다.
	주제	사랑과 편견
	기획 의도	일상적인 이야기에 퀴어 소재를 활용해 편견과 차별에 대해 생각하고자 한다. 재미있는 이야기를 통해 성소수자 인식 개선에 기여하는 것이 목적이다.
	타깃	20~30대 여성

퀴어와 같은 사회적 논의를 다루는 키워드는 일반적으로 주제와 기획 의도에 힘이 실릴 수밖에 없습니다. 만약 이렇게 제작한 기획서를 공모전이나 투고에 활용할 생각이라면 주제와 기획 의도를 잘 설명하는 것이 관건입니다.

> **코칭 팁** 작가로 데뷔할 수 있는 여러 가지 방법 중에는 정부의 창작자 지원사업도 있습니다. 이런 지원사업은 사회적 키워드를 활용하기 좋습니다. 지원사업에 도전해보려면 내가 쓰고자 하는 이야기의 사회적 키워드가 무엇인지, 그것과 가장 잘 어울리는 지원사업이 무엇인지 찾아보는 게 먼저입니다.

목표와 주제 정하기

작중인물의 최종 목표는 주제에 따라 이미 정해졌을 수도 있습니다. 예시 이야기 또한 그렇습니다. 인물들의 목표와 약점은 이 작품의 목표, 약점과 동일하다고 봐도 무방합니다.

작품의(인물의) 목표 사랑을 하는 것

약점 편견

> 🧑 **코칭 팁** 작품의 목표와 약점, 주인공의 목표와 약점이 다른 경우도 있습니다. 예를 들어 영화 〈이터널 선샤인〉에서 작품이 말하고자 하는 목표는 '사랑한 기억을 잊지 않는 것'입니다. 그러나 영화 속에서 연출되는 등장인물의 행동은 '사랑한 기억을 잊는 것'을 목표로 하는 것처럼 보입니다. 이처럼 작품의 목표와 인물의 목표가 다른 경우라면 작가는 이야기 속에서 인물의 목표와 반대되는 결과를 보여주는 등 작품의 목표를 계속해서 상기시켜야 합니다.

단계별 이야기 구조 만들기

현재는 아이디어만 있는 상태이며 구체적인 이야기는 전혀 없는 상황입니다. 따라서 이제부터는 130쪽의 이야기 기본 구조 만들기를 참고해 2단계부터 12단계까지 순서대로 이야기 구조를 만들어볼 것입니다. 먼저 아이디어를 상하 단계의 구조로 구성해보겠습니다.

상하 단계	
상	두 명의 성소수자 아빠와 살고 있는 공대생 아들에게 첫사랑이 생겼다.
하	편견을 극복해내고 행복한 사랑을 이어간다.

이 단계에서는 시작과 결말을 대략적으로 결정한다고 생각하면 됩니다.

다음 3단계 상중하 단계의 구조에서는 목표 달성을 방해할 약점을 생각해봅니다. 주의할 점은 약점이 목표 달성을 충분히 방해할 수 있을 정도로 커야 한다는 점입니다.

상중하 단계	
상	두 명의 성소수자 아빠와 살고 있는 공대생 아들에게 첫사랑이 생겼다.
중	첫사랑 그녀의 부모가 이혼했다는 사실을 알게 된다. 이혼의 이유는 어머니의 성 정체성 혼란 때문이었다.
하	편견을 극복해내고 행복한 사랑을 이어간다.

일련의 사건을 통해 보수적인 사고를 가질 수밖에 없는 아버지와 그 딸이라면 목표를 이루기는 더 힘들 것입니다. 이때 아버지의 직업을 아주 보수적인 종교의 목사로 설정하면 더 손쉽게 약점을 만들 수도 있었습니다. 그러나 정치나 종교 소재는 읽는 사람들에게 의도치 않은 반응을 불러일으킬 수 있으므로 신중하게 사용해야 합니다. 여기서는 성 정체성의 혼란을 겪는 어머니, 그리고 그런 아내와 이혼한 아버지 정도로 순화해보았습니다.

이처럼 사회적 키워드를 사용할 때는 이야기가 지나치게 무거워질 우려가 있습니다. 이를 해결하려면 이야기 중간에 잠깐이나마 숨을 돌릴 수 있는 공간을 마련해야 합니다. 일상의 에피소드나 코믹한 상황 등을 추가해 분위기를 환기할 필요가 있습니다.

4단계 기승전결 단계의 구조를 만들 때는 무거운 분위기를 조절하고 위기가 강조될 수 있도록 일상적인 이야기를 추가해보겠습니다.

기승전결 단계	
기	두 명의 성소수자 아빠와 살고 있는 공대생 아들이 있다.
승	어느 날 아들에게 첫사랑이 생겼다. 두 명의 아빠는 아들을 도와주려 하지만 세 남자는 여자의 심리를 잘 모르고, 알 길도 없어 번번이 실패한다.
전	첫사랑 그녀의 부모가 이혼했다는 사실을 알게 된다. 이혼의 이유는 어머니의 성 정체성 혼란 때문이었다.
결	편견을 극복해내고 행복한 사랑을 이어간다.

자칫 무거워질 수 있는 이야기의 균형을 맞추고 위기를 강조하기 위해 기승전결의 '승'에 일상의 재미있는 이야기를 구성해보았습니다. 드라마 장르에 어울리는 알콩달콩한 이야기를 통해 재미를 찾을 수 있습니다.

5단계 5막 구조 단계에서는 위기를 더 세부적으로 생각해봅니다. 완결성 있는 이야기를 만들면서 등장인물의 감정을 더 세밀하게 들여다봅니다.

5막 구조	
발단	두 명의 성소수자 아빠와 살고 있는 공대생 아들이 있다.
전개	어느 날 아들에게 첫사랑이 생겼다. 두 명의 아빠는 아들을 도와주려 하지만 세 남자는 여자의 심리를 잘 모르고, 알 길도 없어 번번히 실패한다.
위기	첫사랑 그녀의 부모가 이혼했다는 사실을 알게 된다. 이혼의 이유는 어머니의 성 정체성 혼란 때문이었다.
절정	첫사랑 그녀의 아버지는 이혼으로 인한 구설수와 트라우마 때문에 둘의 교제를 반대한다.
결말	모두가 한 걸음 물러서 상대를 배려하면서 편견을 극복해낸다. 두 사람의 행복한 사랑이 시작된다.

여자 주인공의 가정 또한 성소수자와 연관이 있는 상황으로, 극복할 수 없어 보이는 약점을 위기의 절정을 통해 보여줍니다. 이제는 이 위기의 절정을 어떻게 이겨낼지, 어떻게 편견을 극복해내고 행복한 사랑이 시작될지 생각해야 합니다.

이 이야기는 주인공 한 명의 욕망이나 상황이 아니라 등장인물 간의 관계로부터 핵심 목표가 생겨납니다. 모두의 목표가 이루어져야 끝나는 이야기이므로 5막 구조만으로는 본격적인 이야기를 구체화할 수 없습니다. 이런 이야기에서는 영웅의 여정 12단계를 통해 이야기를 전체적으로 구조화하는 것이 좋습니다. 이후 캐릭터 소개를 구체적으로 만들기 위해서는 이 단계에서 등장인물의 이름이나 구체적인 배경 등을 함께 작성하는 것도 좋습니다.

영웅의 여정 12단계	
일상 세계	주인공의 상태, 결함과 욕망 작품의 테마 등을 암시한다.
	공대생 정석원은 남중, 남고, 공대를 나오고 두 명의 성소수자 아빠와 살고 있는 모태솔로다.
모험의 기회	일상을 벗어날 기회를 맞이한다.
	정석원은 어느 날 미대생 한은지에게 마음을 빼앗긴다.
기회를 놓침	하지만 기회를 맞이할 준비가 되어 있지 않다.
	그러나 여자의 심리에 대해 아는 것이 없다. 집에는 아빠만 두 명인 상황. 연애에 대해 조언을 받을 수도 없는 상황이다.
관문의 열쇠	관문의 열쇠를 찾아 기회를 맞이할 조건이 충족된다. 열쇠는 사건일 수도, 인물일 수도 있다.
	정석원은 한은지의 어머니도 성소수자였다는 사실을 알게 된다. 그녀의 어머니는 뒤늦게 성 정체성을 찾아 남편 한기쁨과 이혼했다.
일상 탈출	이제 다시 일상으로 돌아갈 수 없게 된다.
	'성소수자 부모'라는 공감대는 정석원과 한은지가 가까워지는 계기가 되었다.

행복한 한때	멘토와 만나고 목적을 향해 나아간다. 일반적으로 독자와 주인공 모두 가장 행복한 단계이다.
	둘의 만남은 성소수자 부모들의 만남으로 이어지고 모두가 가까워지는 계기가 된다.
불길한 그림자	최종 보스와의 만남이다. 로맨스 장르를 예로 들면 헤어질 수밖에 없는 조건 등이 이에 해당하며 그림자와의 조우라고 표현하기도 한다.
	한은지의 아버지 한기쁨은 트라우마를 외면하기 위해 일에만 빠져 있는 상태였다. 한기쁨의 이혼 사유에 대한 회사 동료들 간의 구설수를 포함한 모든 상황이 지속적으로 한기쁨을 짓누르는 트라우마가 된다. 그에게 남은 하나의 목표는 딸의 행복이므로 힘든 상황에서도 내색하지 않고 있다.
커다란 시련	그림자에게 잡아먹히는 단계이다. 작품 내 가장 큰 시련에 해당한다.
	한기쁨의 이혼 사유와 정석원의 가정사 등이 악질적인 소문으로 변모하기 시작한다. 소문은 모두를 괴롭힌다. 정석원과 한은지는 이유 없이 죄인처럼 행동하는 성소수자 부모를 보고만 있을 수 없다. 둘은 결국 헤어진다.
각성	한 줄기 미약한 빛(희망 등)을 발견한다.
	두 사람의 이별은 성소수자 부모들이 뭉치는 계기가 된다. 네 명의 부모들은 모두 모여 소문에 맞서기 시작한다.
두번째 시련	그림자와 정면으로 승부한다. 각성 단계에서 발견한 빛이 통하지 않는다. 죽음에 필적하는 고통을 맞이한다.
	그러나 한기쁨의 사정은 다르다. 소문은 끝없이 그를 괴롭히고 회사에서의 자리마저 위태로워진다.
완전한 각성	완벽히 각성해 스스로 빛이 된다.
	딸의 행복과 일 모두를 잡을 수 없다는 것을 깨달은 한기쁨은 회사를 그만두고 퇴직금으로 작은 카페를 운영한다.
일상 복귀	영약(목표)을 가지고 일상으로 귀환한다. 일상으로 돌아왔지만 더 이상 주인공은 예전의 주인공이 아니게 된다.
	햇살 좋은 날 한기쁨과 한은지가 운영하는 카페에는 정석원과 성소수자 부모들이 모두 모여 행복한 오후를 보내고 있다.

이 이야기에서 작품의 목표는 등장인물 모두가 사랑을 하고 행복해지는 것입니다. 아주 당연한 이 목표는 '편견'이라는 커다란 약점을 가지고 있습니다. 작품이나 인물의 목표, 약점은 이야기의 중심을 이룹니다. 사람으로 치자면 척추에 해당합니다.

이야기를 구조화하는 방법은 자유롭게 선택해서 활용하면 됩니다. 조금 더 단순한 이야기라면 기승전결이나 5막 구조 정도에서 살을 붙이는 방법도 좋습니다. 저는 12단계 구조를 통해 전체를 디테일하게 구성하는 방식을 선호합니다. 작품 활동을 하다 보면 이야기가 원래의 길을 잃을 때가 종종 있습니다. 이때 디테일한 이야기 구조는 정확한 지표가 되어줍니다.

따라서 중요한 것은 기승전결이건 5막이건 12단계 구조이건 이미 정해진 중심 이야기의 뼈대는 이야기를 전개하면서 변형하지 말아야 한다는 것입니다. 큰 흐름은 그대로 두고 살을 붙이거나 떼어내는 일은 괜찮지만 각 단계의 내용은 변치 않아야 합니다.

> **코칭 팁** 12단계에서 뭔가 어설퍼 보이는 부분이 있나요? 그렇다면 그 이야기는 아직 작가의 생각 안에서 제대로 정리되지 않았다는 증거입니다. 억지로 쥐어짜낸 이야기는 사용하지 않는 것이 좋습니다. 내 아이디어에 대해 충분히 파악하지 못한 상태에서 시작한 이야기는 반드시 실패할 것입니다. 탄탄한 중심 이야기가 완성될 때까지 좀 더 생각해보거나 다양한 이야기를 감상하며 시간을 가져보는 것이 좋습니다. 좋은 아웃풋은 양질의 인풋에서 나오기 마련입니다.

문서 파일 _ 06_캐릭터소개.docx

캐릭터 소개	주인공	이름, 직업, 나이 등 기재
		다섯 줄 내외의 캐릭터 설명

캐릭터 소개에는 등장인물의 세부 정보와 간략한 설명을 작성합니다. 기획서에 캐릭터 소개를 첨부하면 이야기를 좀 더 세부적으로 설명하기 좋습니다.

기획서 예시 초안 - 아빠만 둘

앞서 수립한 단계별 이야기를 본격적인 기획서 형태로 정리해보겠습니다. 여기 서는 캐릭터 소개 내용을 추가하였습니다. 전체 줄거리는 이야기를 구조화하는 단계에서 만들어진 내용을 풀어서 서술하였습니다.

작품 소개	작품명	아빠만 둘
	로그라인	남중, 남고, 공대를 나오고, 두 명의 아빠와 살고 있는 내게 어느 날 짝사랑하는 여자가 생겼다.
	주제	사랑과 편견
	기획 의도	일상적인 이야기에 퀴어 소재를 활용해 편견과 차별에 대해 생각하고자 한다. 재미있는 이야기를 통해 성소수자 인식 개선에 기여하는 것이 목적이다.
	타깃	20~30대 여성
캐릭터 소개	남자 주인공	정석원(남), 이성애자, 24세
	군 전역 후 만난 한은지에게 첫눈에 반한다. 그러나 모태 솔로에 남중, 남고, 공대생으로 살아온 그는 여자에 대해 아는 것이 없다. 심지어 아빠만 둘인 성소수자 가정의 아들이다. 그는 과연 연애를 할 수 있을까?	
	남자 주인공 친아빠	정양수(남), 양성애자, 48세
	정석원의 친아빠. 한량 끼 다분한 자유로운 영혼. 아들에게 언제나 좋은 아빠이고 싶다. 아내를 사고로 잃은 뒤 힘들어하던 시기가 있었다. 이때 우연히 알게 된 성정명과 함께 살고 있다.	
	남자 주인공 새아빠	성정명(남), 동성애자, 52세
	정석원의 새아빠. 넘치는 카리스마로 사람들을 압도하지만 유독 양아들 정석원에게만은 약하다.	
	여자 주인공	한은지(여), 이성애자, 24세

캐릭터소개		명상 요가 지도자가 꿈이다. 아빠도 사랑하고, 성 정체성을 찾아 떠나간 엄마도 사랑으로 이해하고 배려한다. 누구에게도 상처 주고 싶지 않아 본인의 행복을 미뤄두는 편이다.	
	여자 주인공 친아빠	한기쁨(남), 이성애자, 50세	
	한은지의 아빠. 성 정체성을 찾아 이혼을 택한 이명은 때문에 성소수자에 대한 트라우마가 있다. 그러나 언제나 딸의 행복을 기원하는 심성은 착한 어른.		
	여자 주인공 친엄마	이명은(여), 동성애자, 42세	
	한은지의 친엄마. 한기쁨의 전 부인.		
	여자 주인공 친엄마의 연인	김새롬(여), 동성애자, 48세	
	이명은의 현재 반려자.		

전체줄거리

남중, 남고를 나와 공대에 재학 중인 정석원은 두 명의 성소수자 아빠들과 살고 있다. 정석원은 어느 날 미대생 한은지에게 마음을 뺏긴다. 그러나 그는 여자의 심리에 대해 전혀 아는 것이 없어 아빠들에게 상담을 구해보지만 전혀 도움이 되지 않는다. 아빠들은 정석원의 사랑을 응원해주고 싶으나 잘 되지 않는다.

한은지의 어머니 역시 성소수자였다. 그녀의 어머니는 뒤늦게 찾은 성 정체성으로 남편과 이혼했다. 한은지의 아버지 한기쁨은 상처를 외면하기 위해 일에만 빠져 있는 상태였기에 집안 분위기는 어둡고 침체되어 있었다.

정석원과 한은지는 각자의 가정에 동질감을 느끼고 가까워진다.

그러나 둘의 사랑엔 미래가 없었다. 성소수자 가정에서 자란 정석원을 한기쁨이 받아줄 리가 없는 상황이었다. 한기쁨은 성소수자 아내와의 이혼을 경험한 일로 트라우마가 생겼다. 게다가 한기쁨의 이혼 사유가 직장에서 구설에 올라 있었고 이는 그에게 큰 스트레스를 주고 있었다.

소문은 점점 악의적으로 변한다. 한은지는 힘들어하는 아버지를 마냥 두고 볼 수 없었다. 정석원 또한 아버지들이 이유 없이 죄인처럼 행동하는 것을 보고만 있을 수 없었다. 둘은 결국 헤어지게 된다.

둘의 이별은 성소수자 부모들이 뭉치는 계기가 된다. 부모들은 모두 모여 한기쁨을 설득한다.

딸의 행복과 일 모두를 잡을 수 없다는 사실을 깨달은 한기쁨은 결국 회사를 그만두고 퇴직금으로 작은 카페를 열었다. 햇살 좋은 날, 카페에는 정석원과 한은지, 성소수자 부모들이 모두 모여 행복한 오후를 보내고 있다.

기획서 예시 초안 - 스트리밍

다음은 같은 과정으로 만든 〈스트리밍〉이라는 작품의 기획서 예시 초안입니다. 기획 의도와 시놉시스를 길게 써서 힘을 준 예시 기획서입니다.

<table>
<tr><td rowspan="13">작
품
소
개</td><td>작품명</td><td>스트리밍</td></tr>
<tr><td>로그라인</td><td>사람의 뇌를 컴퓨터로 복사하는 데 성공한 프로그래머. 실험을 핑계로 사람들의 뇌를 복사한 뒤 돈벌이 수단으로 사용한다.</td></tr>
<tr><td>주제</td><td>인공지능의 인권으로 환기해보는 사회 약자들의 인권 문제</td></tr>
<tr><td>기획 의도</td><td>AI와 CG로 만든 디지털 휴먼, 딥페이크로 만든 유튜브 스타, 높은 지능을 가진 챗봇 등은 더 이상 현실과 동떨어진 이야기가 아니다. 급속도로 발전 중인 인공지능 기술은 다양한 인권 문제를 함께 발생시킬 것이므로 이에 대한 관심이 필요하다. 어쩌면 나 자신이 피해자가 될지도 모를 사건을 통해 인공지능의 인권에 대한 관심을 유도하려 한다.</td></tr>
<tr><td>타깃</td><td>20~30대 남성</td></tr>
<tr><td colspan="2">시놉시스</td></tr>
<tr><td colspan="2">뇌를 데이터화하는 기업에서 프로그래머로 일하는 천명은. 고객들은 자신의 기억을 간직하기 위해, 죽은 반려 동물과 영원히 함께하기 위해, 내 사업을 도와줄 가장 믿음직한 사업 파트너를 만들기 위해 등 다양한 이유로 자신을 컴퓨터에 복사한다.</td></tr>
<tr><td colspan="2">인간을 복사할 땐 자아를 제거해야만 한다. 그러나 천명은은 자아를 갖춘 복사 인간들을 몰래 모아 두고 있었다. 불법으로 만들어낸 고객들의 복사 인간은 각종 정신 의학 실험체, 수위 높은 인터넷 방송 스트리머, 목숨이 걸린 게임 속 캐릭터 등 여러 분야에서 사용된다.</td></tr>
<tr><td colspan="2">인권의 사각에 놓인 이들은 자신들이 인간이었던 기억을 그대로 가지고 있기 때문에 바깥 세계로 나가는 날만 기다린다. 그러나 죽는 것도, 병에 걸리는 것도, 심지어 사랑에 빠지는 것까지 데이터를 통제하는 천명은의 손에 달려 있기에 그것은 불가능한 목표다.</td></tr>
<tr><td colspan="2">데이터 인간들은 각자만의 장기를 발휘해 바깥 세상의 본인들에게 자신들의 존재를 알리고자 한다. 천명은은 사실을 은폐하기 위해 모든 데이터 인간들을 삭제한다.</td></tr>
<tr><td colspan="2">데이터가 다시 한번 컴퓨터에 복사될 때 천명은에게 이용당한 기억을 가진 데이터 인간들이 온전히 복구되고 만다.</td></tr>
</table>

	복구된 데이터 인간들이 원하는 건 안락한 죽음과 천명은에 대한 복수였다. 천명은은 복사되지 않은 상태로 데이터화되고 영원한 벌을 받게 된다. 그리고 학대당하던 데이터 인간들은 가상의 공간에서 자신들의 여생을 이어간다.
캐 릭 터 소 개	천명은(여), 33세
	젊은 프로그래머. 인공지능, 뇌 과학 등 다방면에 재능이 있다. 아직 법이 제정되지 않은 데이터 인간을 활용해 큰돈을 벌 계획을 세운다.
	김미래(남), 28세
	천명은을 스토킹하는 남자. 몰래 천명은의 집에 침입했다가 데이터화되었다. 별풍선을 받고 고문 수준의 폭력과 학대를 당하는 온라인 방송 스트리밍에 활용된다.
	한지원(여), 34세
	천명은의 회사에 반복적으로 인권 소송을 제기하는 인권 변호사. 무법도시 오픈월드 게임에서 살게 된다.
	임진호(남), 24세
	헬스장 PT 트레이너. 정신 및 육체 실험체로 사용된다.

지금까지 제작한 두 종류의 기획서 초안은 예비 독자에게, 동료 작가에게 또는 나를 잘 아는 PD에게 이야기의 기본적인 내용을 전달하는 용도만으로는 충분합니다. 그러나 이 기획서를 공모전이나 지원사업에 제출하고자 한다면 이 초안만으로는 부족합니다.

단순히 이야기를 소비할 사람들에게는 작품의 완성도로 승부하면 됩니다. 그러나 공모전이나 지원사업 심사위원의 경우에는 다릅니다. 지원 서류의 완성도로 승부해야 하기 때문입니다. '내가 이 작품을 위해 이만큼 준비했다'는 것을 보여 줄 필요가 있습니다. 작품 준비를 정말 열심히 한 것처럼 포장할 필요가 있다는 말입니다.

Story Key Point

1. **이야기를 단계별로 구성할 때 일반적으로 장르, 타깃, 목표와 주제를 먼저 정한다.**
로그라인을 보고 어울리는 장르를 정한 뒤 타깃과 목표, 주제를 정한다.

2. **사회적 논의를 다루는 작품은 창작자 지원사업 등을 살펴본다.**
정부, 기관 등에서 지원하는 창작자 지원사업을 통해서도 프로 작가로 데뷔할 수 있다. 이
경우 기획서가 큰 효과를 발휘하며, 기획 의도를 통해 사회적 논의를 어떻게 다룰지 보여
주어야 한다.

3. **정해진 중심 이야기는 변형하지 않아야 한다.**
뼈대에 해당하는 이야기의 큰 흐름은 그대로 두고 디테일한 부분을 덧붙이는 형태로 이야
기를 창작하는 것이 좋다.

4. **캐릭터 소개를 활용한다.**
기획서에서 캐릭터 소개를 통해 등장인물의 세부 정보와 설명을 추가하면 이야기를 좀 더
세부적으로 보여줄 수 있다.

02 기획서를 전문적으로 보이게 하기

기획서 포장하기

기획서에서 로그라인, 시놉시스, 캐릭터 소개 등은 작품의 재미를 보여주기 위한 구성 요소입니다. 반대로 주제, 기획 의도, 타깃은 작품의 전문성을 보여주기 위한 구성 요소라고 할 수 있습니다. 기획서는 작품의 비전을 제시하는 수단입니다. 독자와는 크게 관계가 없고 어쩌면 작가와도 큰 관계가 없습니다. 오직 내 작품을 뽑아줄 사람, 즉 PD나 심사위원을 위한 것입니다. 내 기획서로 좋은 인상을 남기기 위해서는 경쟁자들보다 전문적으로 보이도록 포장해야 합니다.

아래는 〈아빠만 둘〉 기획서에서 전문성을 보여주는 구성 요소인 주제, 기획 의도, 타깃을 정리한 표입니다.

주제	사랑과 편견
기획 의도	일상적인 이야기에 퀴어 소재를 활용해 편견과 차별에 대해 생각하고자 한다. 재미있는 이야기를 통해 성소수자 인식 개선에 기여하는 것이 목적이다.
타깃	20~30대 여성

명확한 타깃, 확실한 주제, 계획적인 기획 의도 모두가 포함되어 간결하게 정리되었다고 볼 수도 있습니다. 그러나 전문적으로 보이지는 않습니다. 그렇다면

이 기획서에서 무엇을 더해야 좀 더 전문적으로 보일 수 있을까요? 쉬운 방법 중 하나로 기대 효과를 보여주는 방법이 있습니다.

기대 효과 불러일으키기

기대 효과는 크게 두 가지 종류가 있습니다. 첫 번째는 정량적 기대 효과입니다. 정량적 기대 효과란 그래프나 수치 등으로 보여줄 수 있는, 측정할 수 있는 기대 효과를 말합니다. 작품의 장르가 플랫폼에서 유료 구매로 이어지는 비율 등도 정량적 기대 효과입니다.

두 번째는 정성적 기대 효과입니다. 측정할 수 없는 기대 효과, 가치에 대한 기대 효과를 말합니다. 예를 들면 작품의 주제를 통해 변화하는 사회 구성원의 인식 개선 효과 등이 있습니다.

기획서를 한 번이라도 써본 사람이라면 정성적, 정량적이라는 표현이 낯설지 않을 겁니다. 아마추어 작가들은 기획서에서 이 내용을 작성하는 것을 가장 곤란하게 여깁니다.

이야기만 재미있으면 되지, 무슨 기대 효과를 적으라는 거야?

저도 아마추어 작가였을 때는 이런 생각을 자주 했습니다. 물론 지금은 생각이 완전히 바뀌었습니다. 프로 작가로 경력을 쌓은 후 공모전이나 지원사업 등의 심사위원으로 참여한 일이 몇 번 있었기 때문입니다.

많은 작품을 평가하기 위해서는 다양한 분석이 필요합니다. 작품을 심사하는 입장에서는 해당 작품이 재미가 있다 또는 재미가 없다는 것처럼 평면적으로 평가할 수 없습니다. 완성된 작품을 보고 평가하는 것이 아니기 때문입니다. 공모 작품은 보통 1화 내지 3화 정도로만 완성되어 있었습니다. 따라서 작품의 미래를 판단할 수 있는 것은 기획서뿐이었습니다.

심사위원은 이 작품의 기획이 얼마나 매력적인지, 캐릭터는 입체적으로 구성되어 있는지, 플롯은 흥미를 충분히 유발할 수 있도록 계획되었는지 등의 다양한 기준을 기획서만으로 판단해야 합니다. 따라서 전문적으로 보이고 정성스럽게 포장된 기획서가 눈에 더 들어오는 것은 어쩔 수 없는 현실입니다.

오디션 프로그램에서 무대를 평가할 때를 생각해보세요. 단순히 노래가 내 취향에 맞는지, 나에게 좋게 들리는지만 판단해 점수를 준다면 전문성이 부족한 심사위원이라는 평가를 받을 것입니다. 즐거운지 아닌지를 판단하는 것은 관객의 역할입니다. 전문가라면 무대를 조금 더 세부적으로 살펴볼 필요가 있습니다. 노래 역시 가수의 음색, 성량, 박자감, 편곡, 분위기, 곡 해석력, 표현력, 조화, 무대 매너 등 수많은 요소의 집합체이기 때문입니다.

이야기 작품 역시 마찬가지입니다. 독자들은 그저 재미있는 이야기를 즐기기만 하면 됩니다. 하지만 심사위원은 그 작품이 가능성이 있는 것인지 아닌지 예측해야 하는 입장입니다. 조금이라도 더 탄탄하게 준비된 기획서에 힘을 실어줄 수밖에 없습니다. 전문성은 기획서를 더 매력적으로 보이도록 도와줍니다. 이제부터 내 기획서의 전문성을 보완해줄 기대 효과는 어떻게 사용해야 하는지 알아보겠습니다.

1. 기획서를 그럴듯하게 보여주기 위해서는 기획서를 잘 포장해야 한다.

   재미 요소를 다 충족시킬 수 있다면 이제부터는 기획서를 더 전문적, 매력적으로 보일 수 있도록 꾸며야 한다.

2. 기대 효과는 기획서를 전문적으로 보여줄 수 있는 가장 쉬운 방법이다.

   작품을 통해 얻을 수 있는 정량적 기대 효과, 정성적 기대 효과 활용해 기획서를 꾸미면 설득력을 얻을 수 있다.

3. 정량적 기대 효과란 측정할 수 있는 기대 효과이다.

   데이터를 통해 보여줄 수 있는 기대 효과를 정량적 기대 효과라고 한다. 유료 구매 비율, 판매 데이터 등이 정량적 기대 효과에 속한다.

4. 정성적 기대 효과란 측정할 수 없는, 가치에 대한 기대 효과이다.

   작품을 통해 변화하는 사회적 인식 등이 정성적 기대 효과에 속한다. 예시로는 작품 주제가 사회적으로 주목받는 현상, 드라마를 통해 한류 열풍이 일어나는 현상 등이 있다.

5. 웹 플랫폼의 PD나 공모전의 심사위원은 기획서를 통해 이야기를 본다.

   웹 플랫폼의 PD나 공모전의 심사위원은 기획서를 통해 이야기의 매력과 가치를 판단한다. 따라서 기획서를 정성스럽게 만들면 데뷔 확률을 높일 수 있다.

03 정량적 기대 효과 불러일으키기

수치와 그래프 활용하기

조사를 통해 측정된 값을 담은 그래프나 통계 데이터는 기획서의 신뢰도, 특히 기획 의도의 신뢰도를 높이는 데 큰 도움을 줍니다. 내 기획서에 정량적 수치가 되어줄 자료들을 검색해서 활용한다면 조금 더 전문적으로 보이는 기획서를 만들 수 있습니다. 각종 위키, 인터넷 기사, 유료로 열람할 수 있는 논문 자료 등을 적극적으로 활용합니다. 다음은 〈아빠만 둘〉 기획서 초안의 작품 소개 부분입니다.

작품소개	작품명	아빠만 둘
	로그라인	남중, 남고, 공대를 나오고, 두 명의 아빠와 살고 있는 내게 어느 날 짝사랑하는 여자가 생겼다.
	주제	사랑과 편견
	기획 의도	일상적인 이야기에 퀴어 소재를 활용해 편견과 차별에 대해 생각하고자 한다. 재미있는 이야기를 통해 성소수자 인식 개선에 기여하는 것이 목적이다.
	타깃	20~30대 여성

이제 기획 의도에 힘을 싣기 위해서 데이터를 활용합니다. 데이터를 활용할 때

는 신뢰할 수 있는 통계 수치나 그래프 등으로 보여주도록 합니다.

작 품 소 개	작품명	아빠만 둘
	로그라인	남중, 남고, 공대를 나오고, 두 명의 아빠와 살고 있는 내게 어느 날 짝사랑하는 여자가 생겼다.
	주제	사랑과 편견
	기획 의도	영화 〈왕의 남자〉(1,200만 명), 〈쌍화점〉(370만 명), 〈앤티크〉(120만 명)의 누적 관객수와 드라마 〈커피프린스 1호점〉(24.2%), 〈인생은 아름다워〉(20.6%), 〈개인의 취향〉(14.4%)의 시청률 등 성소수자 소재가 들어간 영화, 드라마의 흥행은 사회 구성원들이 관심을 가지는 주제가 과거보다 많이 개방되어 있음을 보여준다. 문화 콘텐츠가 구성원들의 인식 개선에 영향을 주고, 구성원들 또한 긍정적 인식을 바탕으로 콘텐츠를 더 소비하며 더 큰 범위에서의 인식 개선을 이뤄내는 선순환 구조를 만들 수 있다고 생각한다. 또한 〈OO일보〉의 기사 '퀴어 문화 축제와 퀴어 작품의 역사'에 따르면 한국 퀴어 문화 축제는 2015년부터 6년이 넘는 기간 동안 이어지고 있다. 퀴어 작품의 내용은 그 작품이 만들어진 문화권이 성소수자를 대하는 정서에 따라 달라진다. 동성애를 죄악으로 여기는 곳에서는 작품의 주제가 철저한 비극으로 다뤄지고 개방적인 곳에서는 작품이 행복한 결말을 맺기도 한다. 사회 정서는 문화가 이끌고 선도하는 것이라고 생각한다. 잘 팔리는 대중상업예술의 코드에 퀴어 작품의 주제를 녹여낼 수 있다면 사회 구성원의 인식을 개선하는 초석이 될 수 있을 것이다. **대중 매체 노출에 따른 성소수자 인식 차이** **5개 이상** — 긍정적 22% / 모르겠음 65% / 부정적 13% **3개~4개** — 긍정적 11% / 모르겠음 54% / 부정적 35% **2개 이하** — 긍정적 7% / 모르겠음 51% / 부정적 42%
	타깃	20~30대 여성

이 외에도 활용할 수 있는 정량적 수치의 예시로는 다음과 같은 것들이 있습니다.

❶ 내 이야기가 속한 장르의 시장 내 점유율 순위
❷ 내 이야기가 속한 장르의 유료 결제율
❸ OSMU(One Source Multi-Use)된 작품 중 내가 속한 장르의 분포도
❹ 일자리 창출에 대한 기대 효과(어시스턴트 고용 등)

도표 활용하기

기획서를 제출하려는 곳에 따라 요구하는 기획서의 양식이 다릅니다. 만약 기획서 양식에 트리트먼트나 회차별 요약을 작성하는 공간이 따로 없다면 시놉시스를 작성하는 공간에 이야기의 전체 내용을 다 넣어야 합니다. 그러나 이는 결코 짧은 내용이 아닙니다. 〈아빠만 둘〉 이야기의 전체 줄거리는 다음과 같습니다.

남중, 남고를 나와 공대에 재학 중인 정석원은 두 명의 성소수자 아빠들과 살고 있다. 정석원은 어느 날 미대생 한은지에게 마음을 뺏긴다. 그러나 그는 여자의 심리에 대해 전혀 아는 것이 없어 아빠들에게 상담을 구해보지만 전혀 도움이 되지 않는다. 아빠들은 정석원의 사랑을 응원해주고 싶으나 잘 되지 않는다.

한은지의 어머니 역시 성소수자였다. 그녀의 어머니는 뒤늦게 찾은 성 정체성으로 남편과 이혼했다. 한은지의 아버지 한기쁨은 상처를 외면하기 위해 일에만 빠져 있는 상태였기에 집안 분위기는 어둡고 침체되어 있었다.

정석원과 한은지는 각자의 가정에 동질감을 느끼고 가까워진다.

그러나 둘의 사랑엔 미래가 없었다. 성소수자 가정에서 자란 정석원을 한기쁨이 받아줄 리가 없는 상황이었다. 한기쁨은 성소수자 아내와의 이혼을 경험한 일로 트라우마가 생겼다. 게다가 한기쁨의 이혼 사유가 직장에서 구설에 올라 있었고 이는 그에게 큰 스트레스를 주고 있었다.

소문은 점점 악의적으로 변한다. 한은지는 힘들어하는 아버지를 마냥 두고 볼 수 없었다. 정석원 또한 아버지들이 이유 없이 죄인처럼 행동하는 것을 보고만 있을 수 없었다. 둘은 결국 헤어지게 된다.

둘의 이별은 성소수자 부모들이 뭉치는 계기가 된다. 부모들은 모두 모여 한기쁨을 설득한다.

딸의 행복과 일 모두를 잡을 수 없다는 사실을 깨달은 한기쁨은 결국 회사를 그만두고 퇴직금으로 작은 카페를 열었다. 햇살 좋은 날 카페에는 정석원과 한은지, 성소수자 부모들이 모두 모여 행복한 오후를 보내고 있다.

이 줄거리는 최대한 간결하게 시놉시스를 압축한 것입니다. 시퀀스별로 단락을 띄우기도 하고 이야기의 기승전결을 생각하면서 구성하기도 했습니다. 그러나 한눈에 잘 들어오는 형태는 아닙니다. 이때 바로 165쪽에서 작성한 이야기 구조를 도표화해서 활용하는 것입니다.

	시놉시스
1	공대생 정석원은 남중, 남고, 공대로도 모자라 두 명의 성소수자 아빠와 살고 있는 모태 솔로다.
2	정석원은 어느 날 미대생 한은지에게 마음을 빼앗긴다.
3	그러나 여자의 심리에 대해 아는 것이 없다. 집에는 아빠만 두 명인 상황. 연애에 대해 조언을 받을 수도 없는 상황이다.
4	정석원은 한은지의 어머니도 성소수자였다는 사실을 알게 된다. 그녀의 어머니는 뒤늦게 성 정체성을 찾아 남편 한기쁨과 이혼했다.
5	'성소수자 부모'라는 공감대는 정석원과 한은지가 가까워지는 계기가 되었다.
6	둘의 만남은 성소수자 부모들의 만남으로 이어지고 모두가 가까워지는 계기가 된다.
7	한은지의 아버지 한기쁨은 트라우마를 외면하기 위해 일에만 빠져 있는 상태였다. 한기쁨의 이혼 사유에 대한 회사 동료들 간의 구설수를 포함한 모든 상황이 지속적으로 한기쁨을 짓누르는 트라우마가 된다. 그에게 남은 하나의 목표는 딸의 행복이므로 힘든 상황에서도 내색하지 않고 있다.

8	한기쁨의 이혼 사유와 정석원의 가정사 등이 악질적인 소문으로 변모하기 시작한다. 소문은 모두를 괴롭힌다. 정석원과 한은지는 이유 없이 죄인처럼 행동하는 성소수자 부모를 보고만 있을 수 없다. 둘은 결국 헤어진다.
9	두 사람의 이별은 성소수자 부모들이 뭉치는 계기가 된다. 네 명의 부모는 모두 모여 소문에 맞서기 시작한다.
10	그러나 한기쁨의 사정은 다르다. 소문은 끝없이 그를 괴롭히고 회사에서의 자리마저 위태로워진다.
11	딸의 행복과 일 모두를 잡을 수 없다는 것을 깨달은 한기쁨은 회사를 그만두고 퇴직금으로 작은 카페를 운영한다.
12	햇살 좋은 날 한기쁨과 한은지가 운영하는 카페에는 정석원과 성소수자 부모들이 모두 모여 행복한 오후를 보내고 있다.

심사위원들은 전문가 집단입니다. 5막 구조이건 12단계 구조이건 이야기를 구조화한 도표를 활용한다면 심사위원이 이야기를 이해하는 데 도움을 줄 수 있습니다. 또 이야기 구조에 대해 잘 알고 있는 준비된 작가라는 인상도 심어줄 수 있습니다. 별것 아니라고 생각할지도 모르겠지만 서류만 보고 판단하는 심사위원들에게는 이런 작은 부분들이 경쟁력 있는 작가와 작품을 판단하는 근거가 됩니다.

04 정성적 기대 효과 불러일으키기

최신 기사 활용하기

정성적 기대 효과를 불러일으키려면 가장 먼저 인터넷 뉴스, 신문 기사 등을 통해 내 작품의 주제와 연관된 최신 기사들을 찾아야 합니다. 작품의 주제와 관련된 사회적 이슈나 사건을 찾아봅니다. 작품의 주제를 실제 사건과 연결할 수 있으면 기획서를 읽는 사람을 설득하는 데 더 효과적입니다. 〈스트리밍〉 기획서의 작품 소개를 가져와 예시로 들어보겠습니다.

작품 소개	작품명	스트리밍
	로그라인	사람의 뇌를 컴퓨터로 복사하는 데 성공한 프로그래머. 실험을 핑계로 사람들의 뇌를 복사한 뒤 돈벌이 수단으로 사용한다.
	주제	인공지능의 인권에 대한 고찰
	기획 의도	AI와 CG로 만든 디지털 휴먼, 딥페이크로 만든 유튜브 스타, 높은 지능을 가진 챗봇 등은 더 이상 현실과 동떨어진 이야기가 아니다. 급속도로 발전 중인 인공지능 기술은 다양한 인권 문제를 함께 발생시킬 것이므로 이에 대한 관심이 필요하다. 어쩌면 나 자신이 피해자가 될지도 모를 사건을 통해 인공지능의 인권에 대한 관심을 유도하려 한다.
	타깃	20~30대 남성

여기서 기사나 일련의 사건을 추가해 기획 의도를 수정하고 주제의 설득력에 힘을 더 실어보겠습니다.

	작품명	스트리밍
작 품 소 개	로그라인	사람의 뇌를 컴퓨터로 복사하는 데 성공한 프로그래머. 실험을 핑계로 사람들의 뇌를 복사한 뒤 돈벌이 수단으로 사용한다.
	주제	인공지능의 인권에 대한 고찰
	기획 의도	인간의 두뇌는 약 1Pb(1,024TB)의 용량을 가지고 있다고 한다. 멀지 않은 미래에 하드 디스크의 용량이 Pb(페타바이트) 수준으로 커진다면, 두뇌의 모든 정보를 컴퓨터에 복사하는 것도 가능할 것이라고 생각했다. 나에 대한 모든 것을 컴퓨터 데이터로 옮겨 담을 수 있다거나 컴퓨터 속에서 깨어난 나도 실제의 나와 다를 것이 없다와 같은 생각으로 시작한 이야기이다. 유전자를 복제한 복제 인간 이야기와 차이점이 있다면 데이터는 수정과 복사가 가능하다는 것이다. 지난 1월 페이스북 기반의 챗봇 AI인 '이루다'가 각종 인권 문제로 서비스가 중단된 사건이 있었다. 이용자들이 서비스를 외설적 목적으로 사용하거나 사회적 약자에 대한 혐오 키워드를 학습시키는 등 문제를 야기했기 때문이다. "약자의 처지를 보면 해당 사회의 인권 수준을 압축적으로 가늠할 수 있다"는 말이 있다. 우리에게 당면한 AI의 인권 문제는 결국 우리 사회의 약자들에게 필요한 인권 문제와 닿아 있다고 생각했다. 상대방의 입장이 되어보는 것은 효과적으로 감정을 이입할 수 있는 방법이다. '컴퓨터 속에서 깨어난 나'는 인권의 사각에 있는 존재이다. 여러 가지 형태로 수정되거나 복제되고 제거되는 내 모습을 바라보면서 드는 감정은 AI를 비롯하여 약자의 인권 보호를 위한 새로운 관점을 심어줄 것이라 생각한다.
	타깃	20~30대 남성

저는 이 기획서를 만들다가 '이루다' 사건을 알게 되었습니다. 당시 이 서비스의 이용자들은 이루다에게 혐오 키워드를 학습시키면서 여러 문제를 일으켰고, 개발사가 개인 정보를 무단 사용하는 등의 문제까지 더해지며 서비스가 중단되는 사태가 벌어졌습니다. 마침 작품이 다루고자 하는 주제와 연관된 사건이었습니다. 이처럼 국민적인 관심을 이끌었던 사건과 작품을 연결할 수 있다면 정성적 기대 효과는 더욱 커질 것입니다.

외부 자료 활용하기

위키나 논문, 연구 자료 등 무엇이라도 좋습니다. 내 이야기의 키워드와 관련된 자료를 찾아봅니다. 예시 기획서의 〈아빠만 둘〉을 예로 들자면 핵심 키워드인 '퀴어'와 관련된 자료를 찾아보면 됩니다.

사회적 메시지를 담은 이야기는 보통 급진적, 파격적인 태도나 대중적이고 온건한 태도를 가집니다. 앞서 제시한 기획서는 대중적이고 온건한 태도를 가진 기획서입니다. 따라서 퀴어 소재를 사용했으나 대중적이거나 흥행에 성공한 작품들을 예시로 활용합니다. 명확한 주제를 통해 메시지를 전달하기보다 소재를 대중에게 노출하는 정도로 정리하는 것입니다.

타깃	로맨스와 드라마 장르를 좋아하는 30대 여성이 타깃이다. 퀸의 전기 영화인 〈보헤미안 랩소디〉, 박찬욱 감독의 〈아가씨〉, 이준익 감독의 〈왕의 남자〉 등 퀴어 소재 영화의 흥행은 퀴어가 더이상 예술 영화에만 사용되는 소재가 아니라는 것을 말해준다. 성소수자의 사회적 차별이 아닌 평범한 로맨스와 드라마로 '사랑의 보편성'에 대해 이야기하려 한다. 일상에 퀴어 소재를 자연스럽게 끌어들여 편견과 차별에 대해 생각해보고자 한다. 이야기 안에 자연스레 등장하는 성소수자 조연들을 통해 퀴어 소재의 인식 개선에 기여하고자 한다.

Story Key Point

1. **정량적 기대 효과는 수치와 그래프를 활용한다.**

   통계 데이터는 기획서의 신뢰도를 높이는 데 큰 역할을 한다. 특히 기획 의도의 설득력을 높이는 데 효과적이다. 정량적 수치로는 다음과 같은 것들을 활용하기 좋다.

   ❶ 내 이야기가 속한 장르의 시장 내 점유율 순위
   ❷ 내 이야기가 속한 장르의 유료 결제율
   ❸ OSMU(One Source Multi-Use)된 작품 중 내 작품이 속한 장르의 분포도
   ❹ 일자리 창출에 대한 기대 효과(어시스턴트 고용 등)

2. **정량적 기대 효과를 보여줄 때는 눈으로 확인할 수 있는 형태로 보여주는 것이 좋다.**

   정량적 기대 효과는 그래프나 도표 등을 사용해 보다 직관적으로 보여주는 것이 좋다.

3. **정성적 기대 효과는 최신 기사 등 사회 이슈와 관련된 것을 활용한다.**

   최신 뉴스 기사 등은 사회 이슈와 연관될 수 있기 때문에 이야기 주제의 설득력을 높이는 데 효과적이다. 국민적인 관심을 이끌었던 사건과 작품을 연결하면 기대 효과는 더욱 커진다.

4. **모든 데이터가 기대 효과를 줄 수 있는 외부 자료로 활용될 수 있다.**

   내 이야기의 키워드와 관련된 모든 자료를 통해 기대 효과를 불러일으킬 수 있다.

완성 기획서 - 아빠만 둘

예시 이야기인 〈아빠만 둘〉은 퀴어라는 키워드로 구성된 이야기입니다. 일반적이지 않은 쪽에 속하는 이야기로, 흥미나 재미 여부를 직관적으로 보여주기는 어렵습니다. 따라서 이 키워드를 재미있는 이야기로서 활용하겠다는 점을 차별점으로 강조할 수 있습니다. 기획서의 기획 의도와 주제에 힘을 주고 이런 점을 잘 드러낼 수 있다면 좋을 것입니다. 실제 연재하는 단계에 들어서면 전체 이야기의 흐름이나 디테일한 내용은 바뀌겠으나, 1화부터 3화까지 원고와 함께 제출하는 용도의 기획서는 다음과 같이 비전을 제시할 수 있을 정도면 됩니다. 웹툰일 경우 내 그림 스타일을 기획서에서부터 보여줄 수 있도록 이미지를 함께 넣으면 더 좋습니다.

작품 소 개	작품명	아빠만 둘
	로그라인	두 명의 성소수자 아빠와 살고 있는 아들에게 짝사랑하는 여자가 생겼다.
	타깃	로맨스와 드라마 장르를 좋아하는 20~30대가 타깃이다. 퀸의 전기 영화인 〈보헤미안 랩소디〉, 박찬욱 감독의 〈아가씨〉, 이준익 감독의 〈왕의 남자〉 등 퀴어 소재 영화의 흥행은 퀴어가 더 이상 예술 영화에만 사용되는 소재가 아니라는 것을 말해준다. 성소수자의 사회적 차별이 아닌 평범한 로맨스와 드라마로 '사랑의 보편성'에 대해 이야기하려 한다. 일상에 퀴어 소재를 자연스럽게 끌어들여 편견과 차별에 대해 생각해 보고자 한다. 이야기 안에 자연스레 등장하는 성소수자 조연들을 통해 퀴어 소재의 인식 개선에 기여하고자 한다.

주제	사랑에 관한 편견
기획 의도	영화 〈왕의 남자〉(1,200만 명), 〈쌍화점〉(370만 명), 〈앤티크〉(120만 명)의 누적 관객수와 드라마 〈커피프린스 1호점〉(24.2%), 〈인생은 아름다워〉(20.6%), 〈개인의 취향〉(14.4%)의 시청률 등 성소수자 소재가 들어간 영화, 드라마의 흥행은 사회 구성원들이 관심을 가지는 주제가 과거보다 많이 개방되어 있음을 보여준다. 문화 콘텐츠가 구성원들의 인식 개선에 영향을 주고, 구성원들 또한 긍정적 인식을 바탕으로 콘텐츠를 더 소비하며 더 큰 범위에서의 인식 개선을 이뤄내는 선순환 구조를 만들 수 있다고 생각한다. 또한 〈○○일보〉의 기사 '퀴어 문화 축제와 퀴어 작품의 역사'에 따르면 한국 퀴어 문화 축제는 2015년부터 6년이 넘는 기간 동안 이어지고 있다. 퀴어 작품의 내용은 그 작품이 만들어진 문화권이 성소수자를 대하는 정서에 따라 달라진다. 동성애를 죄악으로 여기는 곳에서는 작품의 주제가 철저한 비극으로 다뤄지고 개방적인 곳에서는 작품이 행복한 결말을 맺기도 한다. 사회 정서는 문화가 이끌고 선도하는 것이라고 생각한다. 잘 팔리는 대중상업예술의 코드에 퀴어 작품의 주제를 녹여낼 수 있다면 사회 구성원의 인식을 개선하는 초석이 될 수 있을 것이다. **대중 매체 노출에 따른 성소수자 인식 차이** 5개 이상 — 긍정적 22% / 모르겠음 65% / 부정적 13% 3개~4개 — 긍정적 11% / 모르겠음 54% / 부정적 35% 2개 이하 — 긍정적 7% / 모르겠음 51% / 부정적 42%

시놉시스		
1막	1	공대생 정석원은 남중, 남고, 공대로도 모자라 두 명의 성소수자 아빠와 살고 있는 모태솔로다.
	2	정석원은 어느 날 미대생 한은지에게 마음을 빼앗긴다.
	3	그러나 여자의 심리에 대해 아는 것이 없다. 집에는 아빠만 두 명인 상황. 연애에 대해 조언을 받을 수도 없는 상황이다.

작 품 소 개		4	정석원은 한은지의 어머니도 성소수자였다는 사실을 알게 된다. 그녀의 어머니는 뒤늦게 성 정체성을 찾아 남편 한기쁨과 이혼했다.
		5	'성소수자 부모'라는 공감대는 정석원과 한은지가 가까워지는 계기가 되었다.
	2막	6	둘의 만남은 성소수자 부모들의 만남으로 이어지고 모두가 가까워지는 계기가 된다.
		7	한은지의 아버지 한기쁨은 트라우마를 외면하기 위해 일에만 빠져 있는 상태였다. 한기쁨의 이혼 사유에 대한 회사 동료들 간의 구설수를 포함한 모든 상황이 지속적으로 한기쁨을 짓누르는 트라우마가 된다. 그에게 남은 하나의 목표는 딸의 행복이므로 힘든 상황에서도 내색하지 않고 있다.
		8	한기쁨의 이혼 사유와 정석원의 가정사 등이 악질적인 소문으로 변모하기 시작한다. 소문은 모두를 괴롭힌다. 정석원과 한은지는 이유 없이 죄인처럼 행동하는 성소수자 부모를 보고만 있을 수 없다. 둘은 결국 헤어진다.
		9	두 사람의 이별은 성소수자 부모들이 뭉치는 계기가 된다. 네 명의 부모는 모두 모여 소문에 맞서기 시작한다.
	3막	10	그러나 한기쁨의 사정은 다르다. 소문은 끝없이 그를 괴롭히고 회사에서의 자리마저 위태로워진다.
		11	딸의 행복과 일 모두를 잡을 수 없다는 것을 깨달은 한기쁨은 회사를 그만두고 퇴직금으로 작은 카페를 운영한다.
		12	햇살 좋은 날 한기쁨과 한은지가 운영하는 카페에는 정석원과 성소수자 부모들이 모두 모여 행복한 오후를 보내고 있다.

캐 릭 터 소 개	남자 주인공	정석원(남), 이성애자, 24세
		군 전역 후 같은 대학교의 미대생 한은지에게 첫눈에 반한다. 그러나 모태 솔로에 남중, 남고, 공대생으로 살아온 그는 여자에 대해 아는 것이 없다. 심지어 아빠만 둘인 성소수자 가정의 아들이다. 그는 과연 연애를 할 수 있을까?
	남자 주인공 친아빠	정양수(남), 양성애자, 48세

캐릭터 소개		정석원의 친아빠. 한량 끼 다분한 자유로운 영혼. 아들에게 언제나 좋은 아빠이고 싶다. 아내를 사고로 잃은 후 힘들어하던 시기가 있었다. 이때 우연히 만난 성정명과 함께 살고 있다.
	남자 주인공 새아빠	성정명(남), 동성애자, 52세
		정석원의 새아빠. 넘치는 카리스마로 사람들을 압도하지만 유독 양아들 정석원에게만은 약하다.
	여자 주인공	한은지(여), 이성애자, 24세
		명상 요가 지도자가 꿈이다. 아빠도 사랑하고 성 정체성을 찾아 떠나간 엄마도 사랑으로 이해하고 배려한다. 누구에게도 상처 주고 싶지 않아 본인의 행복을 포기하는 성격이다.
	여자 주인공 친아빠	한기쁨(남), 이성애자, 50세

한은지의 아빠. 성 정체성을 찾아 이혼을 택한 아내 때문에 성소수자에 대한 트라우마가 생겼다. 딸의 행복만을 기원하고 있다.

여자 주인공 친엄마	이명은 (여), 동성애자, 42세

한은지의 친엄마. 한기쁨의 전부인. 새로운 삶을 찾아 가족을 떠났지만 한은지와 한기쁨의 행복을 바라고 있다. 마음 한 편에 가족에 대한 빚을 쌓은 채 살고 있다.

여자 주인공 친엄마의 연인	김새롬(여), 동성애자, 48세

이명은의 현재 반려자. 이명은이 가진 마음의 빚을 함께 갚아주고자 노력한다. 그녀의 마음에 공감하고 함께 아파한다.

완성 기획서 - 스트리밍

〈아빠만 둘〉과 달리 〈스트리밍〉은 흥미롭고 재미있는 키워드를 중심으로 구성된 이야기입니다. 이야기 자체가 흥미나 재미를 느낄 수 있는 분위기로 구성되었기 때문에 기획서에서도 이런 점을 보다 직관적으로 보여줄 수 있습니다.

이런 기획서에서 중요한 것은 이야기의 핵심적인 재미 요소를 보여주는 것입니다. 이 이야기는 주인공을 악역으로 설정했으므로 피해자들의 복수를 핵심 재미 요소로 삼아 연출할 수 있습니다. 또 주인공의 악당으로서의 면모를 마음껏 펼치는 오락성을 핵심 재미 요소로 삼아 연출할 수도 있습니다. 이야기에서 어떤 재미를 보여줄지에 따라 이야기의 연출이나 연출 방법은 얼마든지 달라집니다. 이 이야기를 공모전에 제출할 기획서로 만들고자 한다면 하나의 재미 요소를 명확히 선택해 표현해야 합니다. 완성도가 충분히 높아야 한다는 것입니다.

하지만 웹 플랫폼의 투고용 기획서라면 한 가지를 선택하지 않아도 괜찮습니다. 소재가 흥미롭고, 이야기의 방향 자체가 흥미롭다면 두 가지 모두를 두고 의견을 들어볼 수도 있습니다. 자신 없는 부분이 있다면 비워두는 것도 방법입니다. 웹 플랫폼에 투고 메일을 보낼 때 PD나 담당자와 함께 이야기를 발전시켜보고 싶다는 의견을 전달해보세요.

	작품명	스트리밍
작품 소개	로그라인	사람의 뇌를 컴퓨터로 복사하는 데 성공한 프로그래머. 실험을 핑계로 사람들의 인격을 복사한 뒤 돈벌이 수단으로 사용한다.
	타깃	스릴러 장르의 매력은 '세상에서 가장 안전한 일탈'을 약속한다는 것이다. 이런 경향 덕분에 스릴러 장르는 코로나로 인한 안방 극장(넷플릭스 등) 시대에 가장 가파른 성장 속도를 가진 장르가 되었다. 작품의 재미를 위해 인물들을 가장 가혹하게 괴롭힐 수 있는 스릴러 장르로 기획했다. 인터넷 방송과 게임, 인공지능의 오락화에 관심이 많은 20~30대 남성을 타깃으로 잡았다.

작품 소개	타깃	 ▲ 각 장르별 성장 추이
	주제	인공지능 인권으로 환기해보는 사회 약자들의 인권 문제
	기획 의도	인간의 두뇌는 약 1Pb(1,024TB)의 용량을 가지고 있다고 한다. 멀지 않은 미래에 하드 디스크의 용량이 Pb(페타 바이트) 수준으로 커진다면, 두뇌의 모든 정보를 컴퓨터에 복사하는 것도 가능할 것이라고 생각했다. 나에 대한 모든 것을 컴퓨터 데이터로 옮겨 담을 수 있다거나 컴퓨터 속에서 깨어난 나도 실제의 나와 다르지 않을 것이다. 유전자를 복제한 복제 인간 이야기와 차이점이 있다면 데이터는 수정과 복사가 가능하다는 것이다. 가상의 나는 어떤 파일과 폴더로 분류될까? 수없이 많은 기능(파일)이 담긴 폴더로 나뉠 것이다. '뇌'라는 폴더에서 '지능'이라는 파일의 용량을 크게 설정한다면 앞으로 어떻게 사고할까?', '몸'이라는 폴더에서 '근력'이라는 파일의 용량을 두 배로 키운다면 가상 세계에 투입했을 때 어떻게 살아남을까?' 등의 생각으로 시작한 이야기이다. 지난 1월 페이스북 기반의 챗봇 AI인 '이루다'가 각종 인권 문제로 서비스가 중단된 사건이 있었다. 이용자들이 AI 챗봇 서비스를 외설적 목적으로 사용하거나 사회적 약자에 대한 혐오 키워드를 학습시키는 등 문제를 야기했기 때문이다. "약자의 처지를 보면 해당 사회의 인권 수준을 압축적으로 가늠할 수 있다"는 말이 있다. 우리에게 당면한 AI의 인권 문제는 결국 우리 사회의 약자들에게 필요한 인권 문제와 닿아 있다고 생각했다. AI와 CG로 만든 디지털 휴먼, 딥페이크로 만든 유튜브 스타, 높은 지능을 가진 챗봇 등의 탄생으로, 로봇과 AI의 인권 문제는 더 이상 우리와 동떨어진 먼 미래의 이야기가 아니게 되었다. 인권의 사각에 놓인 가상 인격의 이야기를 통해 생각할 여지를 만들고자 한다. 어쩌면 나 자신이 피해자가 될지도 모를 사건을 통해, 인공지능 인권 및 사회적 약자들의 인권에 관심을 유도하고자 한다. 그 사람의 입장이 되어보는 것은 효과적인 감정 이입 방법일 것이다. '컴퓨터 속에서 깨어난 나'는 법으로 보호받을 수 없는 존재일 것이다. 여러 가지 형태로 수정, 복사, 제거되는, 복제된 나를 바라보며 드는 감정은 인권 문제의 새로운 시각을 보여줄 것이라 생각한다.

		시놉시스
작품 소 개	**1막**	
		1	주인공 천명은은 죽은 반려동물을 데이터로 복제해 영원히 주인 곁에 머무르도록 도와주는 회사에 다니고 있다.
		2	그녀는 생명을 데이터로 복제할 수 있는 기술을 가지고 있고, 주위 사람들의 데이터를 몰래 모으고 있다.
		3	그러나 인간을 데이터로 복제하는 것은 금지된 일이었다.
		4	주위 동료를 데이터로 복제한 일이 사내 감사팀에게 적발되어 모든 자료를 잃고 퇴사한다.
		5	퇴사한 그녀가 가장 먼저 한 일은 자기 자신을 데이터로 복제해보는 일이었다.
	2막	6	복제한 자신을 여러 가지 용도로 사용하며 데이터 인간의 활용 방법을 익힌다. 불법으로 수집된 천명은의 이웃들은 각종 정신 의학 실험, 수위 높은 인터넷 방송 스트리밍, 목숨이 걸린 게임 속 등장인물 등 여러 분야에서 사용된다.
		7	인권의 사각에 놓인 이들은 자신들이 인간이었던 기억을 그대로 가지고 있기 때문에 바깥 세계로 나가는 날만 기다린다. 그러나 죽는 것도, 병에 걸리는 것도, 심지어 사랑에 빠지는 것까지 데이터를 통제하는 천명은의 손에 달려 있기에 그것은 불가능한 목표다.
		8	데이터 인간들은 각자만의 장기를 발휘해 바깥 세상의 본인들에게 자신들의 존재를 알리고자 한다. 천명은은 사실을 은폐하기 위해 모든 데이터 인간들을 삭제한다.
		9	데이터가 다시 한번 컴퓨터에 복사될 때 천명은에게 이용당한 기억을 가진 데이터 인간들이 온전히 복구되고 만다.
	3막	10	복구된 데이터 인간들이 원하는 건 안락한 죽음과 천명은에 대한 복수다.
		11	천명은은 복사되지 않은 상태로 데이터화되고 영원한 벌을 받게 된다.
		12	천명은에 의해 학대당하던 데이터 인간들은 가상의 공간에서 자신들의 여생을 이어간다.

	주인공	천명은(여), 33세		
캐릭터 소개	회사 기술을 돈벌이로 활용할 구상 중이다.	다양한 활용 방안을 강구하는 중이다.		데이터로 다시 태어난 복사된 천명은.
	조연	김미래(남), 28세	천명은을 스토킹하는 남자. 몰래 천명은의 집에 침입했다가 데이터화되었다. 별풍선을 받고 고문 수준의 폭력과 학대를 당하는 온라인 방송 스트리밍에 활용된다.	
		한지원(여), 34세	천명은의 회사에 반복적으로 인권 소송을 제기하는 인권 변호사. 무법도시 오픈월드 게임에서 살게 된다.	
		임진호(남), 24세	천명은이 다니는 헬스장의 PT 트레이너. 정신 및 육체 실험체로 사용된다.	

폴더의 조합에 따라 재능 개량이 가능한 디지털 인간

Story Key Point

1. 완성 기획서 〈아빠만 둘〉 핵심 요약

퀴어 키워드의 기획서로 기획 의도에 힘이 실려 있다. 퀴어 소재 영화의 흥행과 시청률 등의 수치, 대중 매체 노출에 따른 성소수자의 인식 차이를 통해 기획 의도의 설득력을 더한다.

이 이야기는 비교적 무겁게 느껴지는 사회적 주제를 다루고 있지만, 코믹하거나 가벼운 상황을 통해 분위기를 환기하는 데에서 매력을 찾을 수 있다. 또 목표를 방해하는 약점을 인물로 설정하여 설득력 있게 구성되어 있다.

시놉시스는 3막으로 구분되는 12단계 영웅 서사 구조로 구성되어 있으며, 캐릭터 소개를 통해 작가의 그림 스타일을 함께 보여준다.

2. 완성 기획서 〈스트리밍〉 핵심 요약

흥미롭고 재미있는 소재를 중심으로 하는 기획서로, 오락성이 짙은 로그라인과 시놉시스를 가지고 있다. 사회적으로 이슈가 되었던 사건을 작품의 주제와 연결하여 주제와 기획 의도의 설득력을 더하고 있으며 장르의 성장 데이터를 통해 정량적 기대 효과도 보여주고 있다.

이 이야기는 스릴러라는 매력적인 장르를 바탕으로 '인공지능'과 '데이터화된 인간'이라는 흥미로운 키워드를 활용하고 있다. 주인공이 악역으로 설정되어 있어 이야기 연출이 어떻게 될지 상상력을 불러일으키는 등 명확한 오락, 재미 요소가 있는 이야기이다.

시놉시스는 3막으로 구분되는 12단계 영웅 서사 구조로 구성되어 있으며, 캐릭터 소개를 통해 그림 스타일을 보여준다. 또한 기획 의도를 읽으면서 떠올릴 수 있는 '폴더 조합' 등의 흥미 요소를 그림으로 확인할 수 있도록 추가적으로 보여주고 있다.

CHAPTER

02

초반 원고에
들어가야 하는 내용 알아보기

시중의 여러 작법서를 살펴보면 이야기의 초반부에 필요한 내용에 대해 이야기합니다. 영화의 작법서에서는 초반 5분간 관객을 사로잡는 방법, 드라마 작법서에서는 첫화, 웹소설 작법서에서는 첫 10화 등을 기준으로 다양한 법칙을 설명합니다. 이 책에서 마지막으로 다루고자 하는 내용 역시 비슷하지만 명확하게 다른 점이 있습니다. 독자가 아닌 심사위원과 웹 플랫폼의 PD를 타깃으로 한다는 점입니다.

01 초반부 서사 축약하기

온라인 환경에 적응하기

기존의 출판 만화, 소설처럼 지면에 인쇄되는 이야기의 경우 주로 1화 내지 2화 정도의 초반 분량에서 1막을 빠르게 마무리하고 그다음부터 2막의 시작을 다루는 것이 일반적이었습니다. 특히 출판 만화의 경우에는 한 화에 배정되는 페이지의 수가 약 48쪽에 달하는 긴 분량이었습니다. 따라서 초반부터 1막 분량에 해당하는 [일상 세계]부터 [일상 탈출]까지의 서사를 세부적으로 담을 수가 있었던 것입니다.

온라인 환경, 웹 플랫폼에서의 이야기 콘텐츠는 어떨까요? 시대와 독자가 모두 변했기 때문에 초반부터 세부 이야기를 담기가 어려워졌습니다. 스마트폰이 널리 보급되면서 언제 어디서든 만화나 소설을 볼 수 있는 환경이 조성되었습니다. 덩달아 웹 플랫폼의 이야기 콘텐츠 산업 규모도 커졌습니다.

그렇다고 스마트폰을 가진 사람 모두가 이야기 콘텐츠 산업이나 문화를 즐기는 것은 아닙니다. 만화(웹툰)나 소설(웹소설) 이외의 콘텐츠도 언제든 즐길 수 있기 때문입니다. 대표적으로 유튜브나 넷플릭스 등의 영상 콘텐츠가 있을 것이고 모바일 게임도 있습니다. 또 인터넷 서핑이나 커뮤니티 활동도 있습니다.

과거처럼 읽을 준비를 마친 후 자리에 앉아 종이를 넘기던 독자의 집중력을 기대할 수는 없을 것입니다. 현대의 작가들은 스마트폰 독자들의 집중력을 붙잡기 위한 방법을 모색해야 했습니다.

축약된 빠른 전개로 이야기하기

웹 플랫폼에서 이야기를 연재하려면 빠른 전개를 통해 독자의 집중력을 붙잡아야 합니다. 구조적으로 이야기 전개에 필요한 부분을 제외하고 지루한 초반 서사 등은 압축하는 것입니다. 이야기를 전개하는 데 문제가 없다면 클리셰든 뭐든 과감히 삭제하기도 합니다.

현대의 독자들은 수도 없이 많은 이야기나 정보를 단숨에 소화해냅니다. 덕분에 초반 서사나 클리셰가 이야기 콘텐츠에서 더는 필수적인 요소가 아니게 되었습니다. 독자들이 초반 서사 없이도 이야기를 해석하는 데 불편함을 느끼지 않게 되었기 때문입니다. 작가들이 고민하는 지점 역시 초반 서사를 어떻게 축약할지로 자연스레 이어집니다.

이 내용이 초반에
정말 필요할까?
필요할 것 같은데….

초반 서사를 축약하기 시작하면서 연출의 경제성도 높아졌습니다. 과거 출판 만화의 원고료 책정 방식은 페이지 단위로 페이지당 고료를 받는 형태였습니다. 웹툰으로 기반이 넘어온 요즘의 만화는 어떻게 원고료가 책정될까요? 웹툰은 페이지가 존재하지 않습니다. 컷당 원고료를 책정할 수도 없습니다. 무분별하게 컷 수만 늘리는 형태로 악용될 수 있기 때문입니다. 결국 가장 좋은 방법은 회차 단위의 원고료 책정입니다.

초반 서사를 축약하는 연출이 널리 알려지기 전의 웹툰 작가들은 1화를 만드는 것부터 난항을 겪었습니다. 1화 안에 1막을 모두 담으려고 하다 보니 컷 수가 너무 많아졌기 때문입니다. 원고료 책정 방식은 컷 수와 관계가 없었기에 부담을 느낄 수밖에 없었습니다. 따라서 빠른 호흡의 축약 연출은 독자를 위하는 것일 뿐만 아니라 작가들을 위하는 것이기도 합니다.

웹툰이나 웹소설 PD, 현직 작가, 심사위원 등은 시장의 흐름에 가장 기민하게 반응하는 전문가 집단입니다. 이들은 돈이 되는 작품과 그렇지 못한 작품을 가장 냉정하게 판단합니다. 따라서 이들은 요즘 시대와 맞지 않는 느린 호흡의 전통 서사로 연출된 이야기는 매력적이지 않다고 느낄 것입니다.

> **코칭 팁** 물론 여전히 전통 서사로 연출한 신작도 연재되고 있습니다. 느린 호흡이라는 약점을 뛰어넘는 장점이 있기 때문입니다. 압도적인 퀄리티, 전문 소재, 듣도 보도 못한 블루 오션 분야의 이야기 등 마음을 사로잡는 명확한 것이 있는 경우입니다. 자신 있다면 시도해보는 것도 좋지만 데뷔 가능성을 높이고자 전략적인 선택을 한다면 전통 서사 연출은 지양하는 것이 좋습니다.

Story Key Point

1. **스마트폰과 온라인으로 이동한 콘텐츠 환경은 이야기 콘텐츠의 축약 전개를 불러 왔다.**

   읽을 거리 외의 다양한 콘텐츠가 풍부해지면서 독자의 콘텐츠 선호도, 집중력 또한 과거 와 달라졌다. 현대의 작가들은 독자의 집중력을 붙잡기 위한 방법을 모색해야 했다.

2. **빠른 전개를 통해 독자의 집중력을 붙잡아야 한다.**

   구조적으로 이야기 전개에 필요한 부분을 제외하고 지루한 초반 서사는 과감히 축약해야 한다.

3. **초반 서사는 더 이상 이야기의 필수 요소가 아니다.**

   현대의 독자는 초반 서사 없이도 이야기를 해석하는 데 불편함을 느끼지 않는다. 따라서 초반 서사는 불필요하다.

4. **느린 호흡의 전통 서사 연출은 지양하는 것이 좋다.**

   압도적인 퀄리티, 전문 소재 등 특별한 장점이 있는 경우가 아니라면 축약되는 서사를 통 해 이야기를 만드는 것이 좋다.

이야기 축약해보기

<스트리밍>의 줄거리 구성하기

다음은 앞서 예시로 만들었던 〈스트리밍〉의 1막을 구조화한 이야기입니다. 1막은 이야기의 12단계 구조 중 [일상 세계], [모험의 기회], [기회를 놓침], [관문의 열쇠], [일상 탈출]로 구성되어 있습니다.

1막	
일상 세계	주인공의 상태, 결함과 욕망 작품의 테마 등을 암시한다.
	주인공 천명은은 죽은 반려동물을 데이터로 복제하여 영원히 주인 곁에 머무르도록 도와주는 회사에 다니고 있다.
모험의 기회	일상을 벗어날 기회를 맞이한다.
	그녀는 생명을 데이터로 복제할 수 있는 기술을 가지고 있고, 주위 사람들의 데이터를 몰래 모으고 있다.
기회를 놓침	하지만 기회를 맞이할 준비가 되어 있지 않다.
	그러나 인간을 데이터로 복제하는 것은 금지된 일이다.
관문의 열쇠	관문의 열쇠를 찾아 기회를 맞이할 조건이 충족된다. 열쇠는 사건일 수도, 인물일 수도 있다.
	주위 동료를 데이터로 복제한 일이 사내 감사팀에게 적발되어 모든 자료를 잃고 퇴사한다.

| 일상 탈출 | 이제 다시 일상으로 돌아갈 수 없게 된다. |
| | 퇴사한 그녀가 가장 먼저 한 일은 자기 자신을 데이터로 복제해보는 일이었다. |

위의 이야기 구조를 참고해 다음 미션을 통해 줄거리를 직접 구성해보세요. 시나리오 등 형태는 신경 쓰지 말고 자신이 이 이야기의 작가가 되었다는 가정하에 자유롭게 작성합니다.

Mission

이야기 초반부를 자유롭게 작성해보세요.
: 어떻게 이야기를 시작할 것인지에 대해 알아보고자 하니 양식에는 크게 구애받지 말고 초반부의 이야기를 작성해보세요.

전통적인 서사 구조로 연출하는 이야기

다음은 1막 중 [일상 세계]화 [모험의 기회]까지의 이야기를 시나리오 형태로 구성한 것입니다. 주인공의 일상과 비일상의 모습을 교차로 보여주는 전통적인 서사의 연출 방식을 차용했습니다.

#1. (낮) 길거리

발소리를 내며 어디론가 달려가고 있는 천명은.

지각이라도 한 모양새로 도심 속의 빽빽한 사람들 사이를 달리고 있다.

#2. (낮) 회사

땀을 흘리며 도착한 곳은 천명은이 다니고 있는 회사다.

출입구에 사원증을 찍고 사무실에 도착한 천명은과 그녀에게 소리를 지르는 상사의 모습.

"또 지각이야!"

천명은은 큰 소리로 죄송하다고 외친 후 자기 자리에 앉는다.

파티션 너머로 장난스레 말을 걸어오는 직장 동료의 모습.

"어제 또 뭐 하다 늦잠 잤어요?"

천명은은 그런 게 아니라고 둘러대더니 모니터를 바라보며 잠시 생각에 잠긴다.

#3. (어젯밤) 모두가 퇴근한 회사 사무실

어두운 사무실에서 천명은 홀로 퀭한 눈으로 무언가를 하고 있다.

한쪽 모니터의 화면에서는 낮에 다녀간 고객의 죽은 반려 동물이 데이터로 인코딩되고 있는 모습이
나타난다.

천명은은 반대쪽 모니터를 바라보며 무엇인가에 열중한다.

모니터에는 [실험]이라는 이름의 폴더가 USB에서 PC로 복제되고 있는 모습이 나타난다.

(…)

앞서 미션에서 작성한 줄거리가 위의 예시와 유사한지 확인해보세요. 만약 그
렇다면 축약된 이야기를 만들지 못한 것입니다.

"대뜸 중요한 사건부터 축약하라!"

저는 이야기를 축약한다는 것은 세밀하고 지엽적인 부분이 아닌 초반부의 서사
를 완전히 덜어내는 것이라 생각합니다. 일본 만화 〈원펀맨〉을 예로 들어보겠
습니다. 이 만화의 초반부에서는 인물에 대한 설명조차 없이 대뜸 강한 적대자
를 등장시킵니다. 이어서 이 적대자를 주먹 한 방으로 처치하는 연출을 보여줍
니다. 이 연출을 통해 캐릭터와 작품에 대한 설정을 완벽하게 보여줍니다.

앞서 1막은 [일상 세계], [모험의 기회], [기회를 놓침], [관문의 열쇠], [일상 탈출]로 구성되어 있다고 했습니다. 여기서 [일상 세계]부터 [관문의 열쇠]까지는 '일상 속의 이야기'에 해당합니다. 즉, 일상을 벗어날 수 있는 관문의 열쇠를 찾은 후에 일상을 탈출하는 지점이 비로소 본격적인 이야기가 시작되는 지점이라는 것입니다. 따라서 일상의 이야기는 합리적인 수준에서 압축하거나 덜어내고, 본격적으로 이야기를 시작하는 부분부터 축약된 이야기를 만드는 것이 더 좋습니다.

축약된 구조로 연출하는 이야기

그렇다면 〈스트리밍〉의 이야기에서는 본격적인 이야기가 어디서부터 시작되는 것일까요? 아래 예시는 이야기를 [일상 탈출]의 지점으로부터 다시 시작해본 예시입니다.

#1. (낮) 천명은의 집, 컴퓨터가 있는 침실

눈을 뜨고 잠에서 깨어난 천명은, 주위를 둘러본다.

익숙한 방, 익숙한 공간이지만 동시에 익숙하지 않은 느낌이 든다.

자리에서 일어나 기지개를 켠 뒤 스마트폰을 본다.

배터리가 없는 것인지 켜지지 않는 스마트폰.

자리에서 일어나 컴퓨터 앞으로 가 컴퓨터를 켜본다.

켜지지 않는 컴퓨터.

뭔가 이상한 기분이 들어 벽시계를 본다.

시계는 그림처럼 정지한 상태로 움직이지 않는다.

후다닥 일어나 커튼을 친 창으로 달려간다.

커튼과 창문을 열고 밖을 본다.

밖으로는 그저 하얀 공간만 보이고, 아무것도 없다.

#2. (낮) 천명은의 집 문 밖

밖으로 나가려는 천명은.

그러나 문 밖으로 나가기가 쉽지 않았다.

공간은 벽과 바닥, 하늘의 구분 없이 하얗기만 하다.

그림자 하나 없이 하얀 바닥, 발을 디디면 아래로 끝없이 떨어질 것만 같다.

입구 출입문 손잡이에 체중을 싣고 한 발을 살짝 밖으로 내딛는다.

그리고 바닥이라고 생각되는 하얀색 공간에 조심히 발을 디뎌본다.

"탁."

바닥이다.

그림자도 없고, 무언가 닿았다는 감촉 외에는 아무것도 보이지 않지만, 그래도 바닥이 있다.

나머지 발도 조심히 현관에서 빼내어 디뎌본다.

"탁."

두 다리를 불안하게 딛고 주위를 둘러본다.

바로 뒤에 있는 천명은의 집을 제외하고 아무것도 없는 하얀 공간만 보인다.

"풀썩."

바닥에 두 무릎을 떨어뜨리며 주저앉는다.

그리고 뭔가를 알아챘다는 듯한 표정을 짓는다.

그녀의 뺨 위로 흐르는 눈물이 클로즈업된다.

멀리 줌아웃되며 그녀의 모습이 멀어진다.

#3. (낮) 천명은의 집, 컴퓨터가 있는 침실

같은 공간, 같은 모습의 천명은이 보인다.

그러나 이번에 일어난 천명은의 스마트폰은 작동하고 있다.

벽에 걸린 시계의 시간도 온도도 날짜도 이상 없이 흐르고 있다.

자리에서 일어나 같은 모습으로 기지개를 켜고 컴퓨터 앞에 앉는 그녀.

컴퓨터 화면 안에는 절망하는 모습으로 흰 배경 속에서 주저앉아 있는 천명은의 모습이 보인다.

(…)

초반 서사에 해당하는 정보는 과감히 생략한 채 이야기를 작성했습니다. 본격적인 사건이 펼쳐지는 [일상 탈출]부터 이야기를 시작한 것이죠. 그렇다면 아직 보여주지 못한 [일상 세계]부터 [관문의 열쇠]의 이야기는 언제 보여줄 수 있는 것일까요? [행복한 한때]의 이야기로 바로 나아가도 될까요?

가장 좋은 방법은 [행복한 한때]의 이야기로 나아가되 그 안에 [일상 세계]부터 [관문의 열쇠]의 이야기를 녹여내는 것입니다.

"정보를 꾹꾹 눌러 담으려 하지 말자."

이 단계에서 조심해야 할 것은 모든 정보를 다 담고자 하는 욕심입니다. 생각해 둔 정보를 어떻게든 꾹꾹 눌러 담으려 하다 보면 이야기의 몰입감은 떨어질 수밖에 없습니다. 주인공에 대한 정보를 독자에게 숙제처럼 던지지 마세요.

03 어디까지 보여줄까?

제출 원고의 정량 알아보기

기획서와 함께 제출하는 원고는 보통 3화까지는 만드는 것이 일반적입니다. 그 이상을 요구하는 특수한 경우를 제외하고는 대부분 기획서와 3화까지만 제출해도 충분합니다. 앞서 초반부의 시작을 어떻게 풀지 알아보았다면 이번에는 마무리를 어떻게 할지 알아보겠습니다. 과연 1화부터 3화까지의 원고 내용은 어떻게 담는 것이 효과적일까요?

12단계 이야기 구조 중 6단계에 해당하는 [행복한 한때]의 이야기를 3화쯤 등장시키는 것이 가장 효과적입니다. 〈스트리밍〉 이야기를 예로 들면 다음과 같습니다.

6	행복한 한때
멘토와 만나고 목적으로 나아간다. 일반적으로 독자와 주인공 모두 가장 행복한 단계이다.	
복제한 자신을 여러 가지 용도로 사용하며 데이터 인간을 활용하기 시작한다. 그녀가 불법으로 수집한 그녀의 이웃들은 각종 정신 의학 실험체, 수위 높은 인터넷 방송 스트리머, 목숨이 걸린 게임 속 캐릭터 등 여러 분야에서 사용되기도 한다.	

이 [행복한 한때]의 이야기는 12단계 중 가장 큰 매력을 보여줄 수 있는 부분입니다. 이야기의 등장 인물과 독자, 작가 모두가 가장 즐거운 부분이라고도 할

수 있습니다.

이 부분을 1화부터 3화까지 한 줄 요약으로 정리해보겠습니다.

1화	복제한 자신을 게임 속에 집어넣어 관찰하는 주인공.
2화	복제한 자신의 능력을 키우거나 줄이는 형태로 한계를 실험해본다.
3화	타인을 복제해보기로 마음먹고 시도해본다.
	[행복한 한때] 이 기획에서 상상할 수 있는 가장 잔혹하고 창의적인 방법을 3화 안에 보여주며 다음 이야기를 기대하게 만든다.

1화에서는 작품의 기획이 명확히 보이도록 이야기를 구성하고 2화에서는 1화에서 한층 더 나아간 이야기로 구성합니다. 그리고 3화에서는 12단계 중 7단계에 해당하는 [불길한 그림자]로 나아갈 수 있도록 주인공이 가진 결함이나 사건의 위기를 암시하는 정도의 이야기로 구성합니다.

〈아빠만 둘〉 이야기의 경우라면 아래와 같이 내용을 구성할 수 있습니다.

1화	두 아빠에게 연애 고민을 상담하지만 전혀 도움이 되지 않는다. 엉뚱하고 말도 안 되는 조언이 이어지는 코믹한 상황.
2화	정석원과 한은지는 우연한 기회에 둘 모두 성소수자 부모를 가졌다는 것을 알게 된다. 둘은 급속도로 가까워진다.
3화	정석원의 집에 놀러간 한은지. 정석원의 두 아빠들과 즐거운 저녁 시간을 보낸다. 한은지의 집에 놀러간 정석원. 한은지의 아버지인 한기쁨의 무거운 얼굴. 두 집안의 다른 분위기를 대비적으로 보여준다. 한기쁨의 어두운 표정으로 위기를 암시한다.
	[행복한 한때] 두 주인공이 본격적으로 가까워지는 행복한 모습을 연출하고 앞으로의 위기를 함께 암시해 다음 이야기를 기대하게 만든다.

가장 재미있는 부분 보여주기

글을 쓸 때 말하고자 하는 핵심 내용을 처음에 배치하는 것을 두고 두괄식 글쓰기라고 합니다. 웹 플랫폼의 독자는 콘텐츠를 소비할 때 두괄식으로 표현된 것에 매우 익숙합니다. 예를 들어 유튜브에서 볼 수 있는 영상 초반부가 바로 두괄식 표현의 좋은 예시입니다. 대부분의 유튜버는 영상의 초반 5초 동안 시청자의 눈을 사로잡기 위해 노력합니다. 영상의 하이라이트 편집본을 보여주거나, 영상에서 가장 중요한 주제의 말을 먼저 던진 후 예시를 풀어나가는 형태로 내용을 진행합니다.

유튜브 영상을 보다가 질질 끈다는 느낌을 주면 참지 못하고 이탈한 경험이 한 번쯤은 있을 것입니다. 이야기 콘텐츠 또한 다르지 않습니다. 기획에서 가장 재밌는 부분을 두괄식으로 먼저 보여주지 않는다면 독자들은 지루함을 느끼고 이탈합니다. 앞서 예시로 들었던 한국 영화 〈김씨 표류기〉는 한강 다리에서 뛰어내리는 주인공이 프롤로그로 등장합니다. 다음 장면은 바로 한강 무인도, 밤섬에서 눈을 뜬 주인공의 시점으로 이야기를 시작합니다. 일본 만화 〈원펀맨〉의 1화는 강한 적을 등장시킨 후 한 방으로 허무하게 적을 물리치는 주인공을 보여주며 마무리합니다.

주인공의 배경에 대한 설명이나 구구절절한 사연 등은 일단 독자들을 해당 이야기의 가장 재미있고 흥미로운 부분으로 끌어들인 다음 천천히 조금씩 풀어내는 것입니다. 이 책의 내용에 따라 각 단계별 이야기 정리가 잘 되었다면 초반 서사에 해당하는 부분을 찾아낼 수 있다면 과감히 축약하도록 합니다.

"이 장면은 나중에 이렇게 쓰이기 때문에 있어야 해요."
"제 작품은 5화 정도 넘어가야 재밌어요."
"이 복선은 반드시 초반에 있어야 해요."

아마추어 작가들이 가장 많이 하는 말입니다. 속으로 이와 같은 말들이 떠올랐다면 다시 한번 생각해보기 바랍니다. 같은 이야기라도 어떻게 풀어내는지에 따라 이야기의 경쟁력이 완전히 달라지기 때문입니다.

이야기를 풀어내는 디테일한 방법은 전문 작가가 아닌 이상 익숙하지 않기 마련입니다. 단순한 글을 쓰거나 그림을 그리는 일은 비교적 시작하기 쉽고 익숙해지기도 쉽습니다. 그러나 작품을 만들 때 이야기를 잘 풀어내는 일은 방법 즉, 스토리텔링은 경험해볼 수 있는 기회가 흔치 않습니다. 따라서 이제 막 창작을 시작하는 새내기 작가나 경험이 부족한 아마추어 작가는 이야기를 잘 풀어내는 방법을 모르고, 어려워합니다. 그래서 적당한 수준에서 타협하며 큰 고민 없이 스토리만 짜거나 무작정 그림만 그립니다. 무언가 열심히는 하고 있으니 심리적으로는 안정되지만 이는 잘못된 길을 가고 있는 것입니다.

지금까지 경쟁력 있는 기획을 만들기 위해 많은 과정을 거쳐왔습니다. 공들여서 소재를 선정했고 로그라인을 만들었습니다. 12단계 구조를 이용해 이야기의 뼈대를 세웠습니다. 마지막으로 원고 초반 서사에 대한 축약만 남았습니다. 쓴 내용, 만든 내용이 아깝다고 적당한 수준에서 타협하려 하지 말고 과감히 덜어내야 합니다.

Story Key Point

1. 기획서와 함께 제출하는 원고는 3화까지 만들어야 한다.

   특수한 경우를 제외하고는 3화까지만 제출해도 충분하다.

2. 3화까지의 원고에는 [일상 세계]부터 [행복한 한때]까지 포함하는 것이 좋다.

   12단계 이야기 구조 중 6단계에 해당하는 [행복한 한때]의 이야기를 3화 정도에서 등장시키는 것이 가장 효율적이다. 이 [행복한 한때]의 이야기가 12단계의 이야기 구조 중 가장 큰 매력을 보여줄 수 있는 부분이기 때문이다.

3. 투고 원고는 가장 재미있는 부분을 보여줄 수 있어야 한다.

   읽는 사람이 지루해하지 않도록 하기 위해서는 두괄식 구성을 통해 이야기의 가장 재미있는 내용을 앞에 보여줄 수 있도록 원고를 구성해야 한다. [행복한 한때]부터 보여준다고 해서 축약되지 않은 초반 서사를 써서는 안 된다. 과감히 축약해야 한다.

데뷔하고 싶나요?

'일단 데뷔부터 하자'는 데 동의한다면 데뷔작만큼은 일단 '팔릴 것'으로 만들어 봅시다. 키워드 조합을 통해 직관적인 로그라인을 만들고, 가능성 높은 분야의 장르를 선택한 후 시놉시스와 12단계 구조로 트리트먼트를 정리하고, 그럴듯하게 포장한 기획서를 완성합시다. 이 모든 방법은 내 작품이 상품이 될 수 있는 확률을 높여주는 장치입니다. 어느 단계에서 적당히 타협했다면 성공 확률은 낮아질 것이고, 타협 없이 꼼꼼히 정리하며 따라왔다면 성공 확률이 높을 것이라 보증합니다.

지금까지 우리는 작품의 설명서를 잘 만들었습니다. 이제는 제품의 기능을 보여줘야 합니다. 축약된 연출이 바로 제품의 기능을 보여줄 수 있는 부분입니다. 잘 정리된 설명서로 기대감을 가진 고객에게 기능적인 면까지 충족시켜주어야 비로소 작품을 팔 수 있는 단계까지 갈 수 있습니다.

다만 다행스러운 점은 이 책에서 우리의 고객이 독자가 아닌 전문가에 해당하는 심사위원이나 플랫폼의 PD라는 사실입니다. 심사위원이나 PD를 투자자라고 생각해보세요. 설명서에 담긴 '기획'의 매력만 충분하다면 제품의 기능적인 부분은 함께 발전시켜나갈 수 있습니다. 확률을 높이고 싶다면 기능적인 부분도 충족시켜주는 것이 좋겠지만요. 부디 여러분의 기획이 원고까지 완성되어 무사히 공모전에 제출되거나, 플랫폼 혹은 에이전시의 PD에게 잘 도착할 수 있기를 바랍니다.

우동이즘이 전하는
마지막 말

누군가에게 꼭 필요한 책

책에 담을 내용을 쓰는 내내 '이야기 창작 과정을 너무 기술적으로 접근하는 것 아닐까?'라는 생각이 머릿속을 떠나지 않았습니다. 경우에 따라서는 불쾌감을 표하는 작가도 있겠다고 생각했습니다. 그럼에도 이 책을 꼭 마무리하고 싶었던 이유가 있습니다. 살면서 만나본 사람들, 특히 창작에 대한 고민과 생각을 나누었던 여러 사람들을 떠올렸기 때문입니다. 이 내용이 꼭 필요한 순간에 있는 사람들 말입니다. 그들은 창작자라는 길을 함께 걷기 시작한 만화학과 동기들, 만화영상진흥원의 동료들, 강의 현장에서 만난 수많은 학생들이었습니다. 그리고 오랜 기간 그저 한 명의 작가 지망생으로 머물러 있던 과거의 제 자신이기도 했습니다.

작가 지망생 중에는 오랜 기간 아마추어 작가 지망생으로 시간을 보내는 사람이 많습니다. 그중에는 실패를 반복하다가 스스로 능력에 한계선을 굿고, 더 잘할 수 있다는 자신 가능성마저 깎아내리는 사람도 아주 많습니다. 아마추어 작가 지망생과 프로 작가의 경계에서 이도 저도 못하는 그런 사람들에게 필요한 책이 하나쯤은 있어도 되지 않을까 생각했습니다.

오래 창작하려면 데뷔부터 합시다

한 명의 작가가 평생 만들 수 있는 작품은 몇 편이나 될까요? 물론 사람마다 목표가 다르니 일정하지는 않을 것입니다. 그러나 한 가지 확실한 사실은 작가란 이야기를 계속 만들어내는 사람이라는 것입니다. 작가라는 직업은 도착점이 아닙니다. 프로 작가 데뷔는 작가 생활을 이어갈 수 있도록 하는 시작점에 불과합니다.

일단 프로 작가가 되는 것을 최우선으로 생각해보세요. 금전적으로 보상을 받고 작품을 만드는 경험을 가장 가까운 목표로 해야 합니다. 과거의 저처럼 그저 지망생 수준에 머물러서는 제대로 경험을 쌓을 수 없습니다. 부디 아마추어 작가 지망생으로 오랜 기간을 보내지 않기를 바랍니다. 어떤 방법이라도 좋습니다. 빠르게 프로 작가의 길에 올라설 수 있기를 바랍니다.

일단 데뷔부터 하자는 한마디가 하고 싶었습니다.

2021년 11월
우동이즘(이동우)

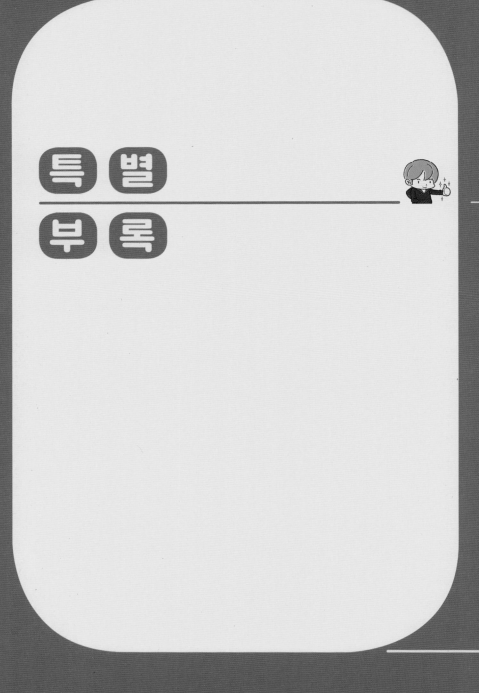

특별

부록

새내기 작가에게 전하는
세 가지 조언

새내기 작가에게 전하는 세 가지 조언

하나, 어떻게 시작해야 할지 막막해도 일단 시작하세요

마지막까지 잘 따라온 것 같은데 막상 이야기를 만들려고 하니 막막한가요? 아직 이야기다운 이야기를 한 번도 만들어본 적이 없다면 그럴 수 있습니다. 어느 날 갑자기 '한번 해보자!'라는 생각으로 창작을 시작하는 경우일 테니까요.

어쩌면 모두가 이런 고민이 있을지도 모릅니다. 대부분의 사람들은 실패에 대한 두려움을 크게 느끼기 때문입니다. 이런 경향은 나이나 경력이 쌓일수록 더 심해집니다. 10대와 20대 초반의 지망생들은 오히려 실패하는 것을 상대적으로 크게 두려워하지 않습니다. 이야기 창작 분야에서만의 일이 아닙니다.

저는 웹툰 작가면서 유튜버입니다. 덕분에 웹툰 작가 지망생과 유튜버를 시작할지 고민하는 사람들 등 여러 상황에 놓인 사람들을 많이 만났습니다. 그중에는 콘텐츠 제작에 익숙한 프로 작가도 많습니다. 프로 작가도 유튜브를 시작했다가 실패할까 두려워합니다. 작품을 거절당하는 일에는 익숙한 10년 경력의 작가인데도 말입니다. 그들 대부분 오랜 기간 준비하고 고민만 할 뿐 유튜브를 시작하지 않습니다. 고민이 길어질수록 실패하는 일이 두렵기 때문입니다. 안타깝지만 처음부터 실패하지 않고 잘 해낼 수는 없습니다.

많은 사람들은 무엇인가 새로운 것을 시작하기 전에 방법을 찾아봅니다. 예를 들어 농구를 잘하는 방법, 공 잘 던지는 방법 같은 것들입니다. 농구공을 한 번 던져보지도 않고 공부만 하는 것은 아무 도움이 되지 않습니다. 농구를 잘하기 위해서는 일단 공을 던져봐야 합니다. 처음부터 끝까지 경기를 뛰어보아야 약점을 찾고 개선할 수 있습니다. 일단 쓰레기를 만든다 생각하고 끝까지 써보세요. 처음 만든 이야기가 뛰어날 수는 없습니다. 어떤 유명한 작가라도 첫 작품은 엉망이었을 것입니다. 그러니 부디 일단 완성하는 것을 목표로 즐겁게 창작해보세요!

둘, 실패를 두려워하지 마세요

작가 지망생 시절인 10여 년 전 제 작업실에 두 명의 동료 작가가 방문한 적이 있습니다. 두 명의 작가 중 A작가는 당시 웹툰으로 꽤 인기를 끌고 있던 작가였고 B작가는 아직 데뷔를 하지 못한 작가 지망생 신분이었습니다. 저는 당시 일러스트레이터로 활동하고 있었지만 웹툰을 하고 싶다는 생각으로 '도전 만화'를 준비하고 있었습니다.

B작가와 저는 A작가에게 작품에 대한 조언을 구해보기로 했습니다. 두 작품을 살펴본 A작가는 다음과 같은 질문을 던졌습니다.

"이 작품 연재했는데 반응이 없으면 어떻게 할 거야?"

저는 '별로구나'라고 생각하면서 어디를 고쳐야 좋아질 것 같은지 물었습니다. 반면 B작가는 10화까지만 연재해보고 반응이 없으면 새로운 것을 또 만들겠다고 했습니다. 서로 다른 대답을 한 B작가와 저는 이후 어떤 행보를 걷게 되었을까요?

제 만화는 반응이 그리 좋지 않았지만 꾸준히 연재하여 베스트 도전 만화로서 어느 정도의 마니아층을 만드는 데까지 성공할 수 있었습니다. 그 경험을 토대로 다음 작품을 데뷔작으로 만드는 데도 성공했습니다.

B작가는 10화까지의 도전 만화를 반복해서 연재했습니다. 새 만화를 기획한 후 10화를 만들고, 연재 제의가 들어오지 않으면 또 새 만화를 기획하는 일을 반복했습니다. 불과 세 번만에 연재 제의가 들어왔습니다. 실패를 두려워하지 않는 B작가는 큰 성공을 거두었습니다. 저 또한 나름 성공적으로 연재를 했지만, 실패를 두려워하지 않는 도전 정신의 성과 차이는 엄청난 것이었습니다.

사람들은 창작에서 중요한 것이 독특한 아이디어처럼 발상, 영감에 있다고 생각하곤 합니다. 이는 잘못된 생각입니다. 창작의 영역에서 가장 필요한 능력은 시작하는 '추진력'입니다. 엄청난 것을 만들려고 하면 시작하기조차 힘듭니다. 내가 할 수 있는 선에서 적당한 것을 목표로 시작해보기 바랍니다. B작가와 A작가가 습관처럼 내뱉던 말이 있었습니다.

"일단 해보자. 잘 되면 좋고 안 되면 그만이지!"

돌이켜보니 그대로 행동할 수만 있다면 세상에 무서울 것이 없을 것입니다.

셋, 간단한 단편부터 시작하세요

아주 짧은 단편이라도 좋습니다. 이야기를 완성했다는 성공의 경험을 쌓아보세요. 이 경험은 '일단 시작하는 힘'과 '완성하는 힘'을 길러줍니다. 만들다가 포기한 이야기 여러 개보다 완성한 단편 하나가 더 큰 도움이 됩니다. 목표를 낮추고 가벼운 것부터 시작하세요. 창작에 대한 관심이 실패가 아닌 기분 좋은 성공이나 작은 행복으로 이어지길 바랍니다. 또 창작하는 모든 과정이 힘들고 고통스럽지 않은, 즐겁고 신나는 놀이가 되길 바랍니다.

특별
부록

창작 템플릿 워크북

작품 기획서

문서 파일 _ 01_작품기획서.docx, 01_작품기획서.pdf

작가소개	이름		이메일	
	주소		연락처	
	경력			
작품소개	작품명			
	로그라인			
	주제			
	기획 의도			
	타깃			
	시놉시스			
	트리트먼트			
	전체 줄거리			

로그라인 분석

문서 파일 _ 02_로그라인분석.docx, 02_로그라인분석.pdf

웹툰	작품명		키워드		
	로그라인				
	작품명		키워드		
	로그라인				
	작품명		키워드		
	로그라인				
웹소설	작품명		키워드		
	로그라인				
	작품명		키워드		
	로그라인				
	작품명		키워드		
	로그라인				
영화	작품명		키워드		
	로그라인				
	작품명		키워드		
	로그라인				
	작품명		키워드		
	로그라인				

키워드 변형

문서 파일 _ 03_키워드변형.docx, 03_키워드변형.pdf

키워드 변형 1	키워드	
	로그라인	
	변형 방법	☐ 결합하기 ☐ 추가하기 ☐ 덜어내기 ☐ 이입하기 ☐ 반복하기 ☐ 스케일 변화 ☐ 뒤집기 ☐ 바꾸기
	변형 키워드	
	변형 로그라인	
키워드 변형 2	키워드	
	로그라인	
	변형 방법	☐ 결합하기 ☐ 추가하기 ☐ 덜어내기 ☐ 이입하기 ☐ 반복하기 ☐ 스케일 변화 ☐ 뒤집기 ☐ 바꾸기
	변형 키워드	
	변형 로그라인	
키워드 변형 3	키워드	
	로그라인	
	변형 방법	☐ 결합하기 ☐ 추가하기 ☐ 덜어내기 ☐ 이입하기 ☐ 반복하기 ☐ 스케일 변화 ☐ 뒤집기 ☐ 바꾸기
	변형 키워드	
	변형 로그라인	

타깃과 장르 선정

문서 파일 _ 04_타깃장르선정.docx, 04_타깃장르선정.pdf

타 깃 선 정 1	작품명	
	로그라인	
	장르	
	타깃	
	타깃 선정 이유	
	특징	
타 깃 선 정 2	작품명	
	로그라인	
	장르	
	타깃	
	타깃 선정 이유	
	특징	
타 깃 선 정 3	작품명	
	로그라인	
	장르	
	타깃	
	타깃 선정 이유	
	특징	

12단계 이야기 구조화

문서 파일 _ 05_12단계이야기구조.docx, 05_12단계이야기구조.pdf

일상 세계	
모험의 기회	
기회를 놓침	
관문의 열쇠	
일상 탈출	
행복한 한때	

불길한 그림자	
커다란 시련	
각성	
두 번째 시련	
완전한 각성	
일상 복귀	

캐릭터 소개

문서 파일 _ 06_캐릭터소개.docx, 06_캐릭터소개.pdf

캐릭터 소개		

찾아보기